学校课程发展丛书

丛书主编 李正 杨四耕

科学
学科课程群

张燕丽 主编

华东师范大学出版社
上海

图书在版编目(CIP)数据

科学学科课程群/张燕丽主编.—上海:华东师范大学出版社,2019
(学校课程发展丛书)
ISBN 978-7-5675-9593-4

Ⅰ.①科… Ⅱ.①张… Ⅲ.①科学知识-课程建设-研究-中小学 Ⅳ.①G633.72

中国版本图书馆CIP数据核字(2019)第170868号

学校课程发展丛书
科学学科课程群

丛书主编	李　正　杨四耕
主　　编	张燕丽
策划编辑	刘　佳
项目编辑	林青荻
特约审读	刘玉华
责任校对	谭若诗
装帧设计	卢晓红
出版发行	华东师范大学出版社
社　　址	上海市中山北路3663号　邮编200062
网　　址	www.ecnupress.com.cn
电　　话	021-60821666　行政传真 021-62572105
客服电话	021-62865537　门市(邮购)电话 021-62869887
地　　址	上海市中山北路3663号华东师范大学校内先锋路口
网　　店	http://hdsdcbs.tmall.com
印 刷 者	上海盛隆印务有限公司
开　　本	787×1092　16开
印　　张	11.5
字　　数	173千字
版　　次	2019年9月第1版
印　　次	2022年7月第3次
书　　号	ISBN 978-7-5675-9593-4
定　　价	34.00元
出 版 人	王　焰

(如发现本版图书有印订质量问题,请寄回本社客服中心调换或电话021-62865537联系)

丛书编委会

主 编
李 正 杨四耕

成 员
李 正　杨四耕　田彩霞　王德峰
高德圆　胡培林　李荣成　曹鹏举
段立群　张燕丽　孙 鹏　张元双

本书编委会

主 编
张燕丽

副主编
杨建伟 赵 杨

编 委
单华瑞 张 鑫 史钰芳 李凤霞 王 音 赵明华
鲁桂红 李嘉惠 王 琼 吴 芳 王 惠 李 赛
张燕丽 杨建伟 赵 杨

丛书总序

课程改变，学校改变

学校课程变革有三种形态：一是1.0，这种形态的课程变革，以课程门类的增减为标志，学校会开发一门一门的校本课程，并不断增减；二是2.0，这种形态的课程变革，学校会围绕某一特定的办学特色或项目特色，开发相应的特色课程群；三是3.0，此种形态的课程变革，学校课程发展以多维联动、有逻辑的课程体系为标志，这是文化创生形态的课程变革。

学校如何迈进3.0课程变革？我们在郑州市金水区中小学与幼儿园进行了多维度的探索与实践，得出了一些规律，有了一些感悟和体会。

1. 家底清晰化：很多时候起点决定了终点

发展是既定基础上的再提升，学校课程深度变革必须清晰"家底"。根据各种不同的办学基础给学校课程发展准确定位，是迈向3.0的学校课程变革所面临的首要任务。我们运用SWOT（强项、弱项、机遇、危机）分析，对学校的地理环境、在地文化、政策环境、课程现状、行政领导、学生需求、教师现状等因素分别进行SWOT分析，把握学校课程发展的优势与问题所在。同时，我们注重课程发展思路的研究，把破解影响当前学校课程发展的热点、难点问题，特别是制约课程发展的重大问题，贯穿于调研过程的始终，以增强课程发展情境研究的宏观性、针对性和实践性，以准确合理的目标体系引导学校课程变革，切实做到清晰把握学校课程发展的"起点"。须知，很多时候起点决定了终点。

2. 愿景具象化：让课程哲学映照鲜活的实践

课程愿景是学校课程使命的具象，是与学校教育价值观联系的、可以调动师生情感的图景。如果说，目标提供过程的满足，那么愿景则提供事业的动力。推进学校课程深度变革,我们需要明确学校的课程愿景,并将课程愿景具象化。学校可以用具象化的方式想象课程、观察课程、思考课程、分析课程、建构课程。当我们在与师生沟通的时候,要善于用具象化的愿景去说明学校课程究竟是为什么、是什么以及怎么做。我的体会是:"课程即品茶,需哲思;课程即吟诗,需想象;课程即力行,需实践。"人们总是会被伟大的愿景所感动。校长要善于把抽象的东西表现得具体些,把看不见的、不容易理解的东西变得看得见、容易理解,让学校课程理念带着一股清香,透着一种诗意,变成激发师生的动力和情愫。推进学校课程变革,您所要做的便是找到大家信奉的课程哲学,并用课程哲学映照课程变革实践。

3. 结构图谱化:改变课程的碎片化格局

如果把课程视为书本,孩子们可能会成为书呆子;如果把课程视为整个世界,孩子们可能会拥有驾驭世界的力量。为此,每一所学校都应致力建构丰富的"课程图谱"。按照一定的逻辑,理顺学校课程纵向与横向关系是学校课程变革需要审慎思考的问题。在横向上,如何将学校课程按照一定的标准进行合理地分类;在纵向上,如何将学校课程按照年级分为不同层级,努力形成一个适应不同年龄阶段的孩子的课程阶梯。具体地说,在横向上,重构学校课程分类,让孩子们分门别类地学习把握完整的世界之格局;在纵向上,强调按先后顺序,由简至繁,从已知到未知,从具体到抽象,保持学校课程的整体连贯。这样,我们就可以形成天然的、严密的学校课程"肌理",让课程有逻辑地、立体地"落地",这样有利于克服课程碎片化、大杂烩问题。

4. 类群聚焦化:聚焦核心素养建构课程群

类群聚焦化,也就是围绕核心素养建构课程群。什么是课程群? 课程群是以特定的素养结构为目标,由若干门性质相关或相近的单门课程组成的一个结构合理、层次清晰、彼此连接、相互配合、深度呼应的连环式课程集群。课程群是一种思维,是一种工具,是一种面向碎片化课程的思维方法和操作工具。随着核心素养的倡导,课程改革越来越要求考虑学生素养发展的完整性,课程群构建已成为中小学深化课程改革、优化课程设计的一条有效途径。中小学构建课程群需要关注四点。首先,聚焦目标。聚焦核心素养,聚焦育人目标,聚焦课程目标,是课程群建设的首要原则。课程群建设必须密切关注学生的核心素养,优先发展对某项目标具有关键的支持作用的课程。其次,建构链条。也就是确定课程群内各门课程的相关性,课程之间纵向衔接与横向联系,以及自成体系。再次,组合搭配。课程群是具有关联关系的课程之组合与搭配。在涉及课程序列的安排上,关键是要找到"课程时序"上的衔接点,即根据学时的配比度与开课时序,各门课程在整体中的位置、地位和作用,从系统的观点出发来安排课程。通过标明课程之间的内在关系、课程开设的先后顺序、课程时量等逻辑关系来描述课程之间的内在关系,经过这样的组合搭配,有助于揭示课程之间的重复、脱节、断线和时序安排上的不合理现象。最后,整合优化。课程群是一个基于特定目标而组织化了的课程系统,仅仅把几门有逻辑联系的课程召集一处,只是一个"课程集合"。只有课程间完成了相关整合,成为一个体系,实现课程功能的优化,才能称之为"课程群"。因此,课程群建设应将重心放在相关课程之间内容的整合以及功能的优化上。

5. 内容整合化:还原完整世界的真实面貌

课程是浓缩的世界图景。3.0的课程是富有统整感的课程,是多维连结与互动的课程。不论是学科课程的特色化拓展,还是主题课程的多学科聚焦,都应尽可能回到完整的世界图景上来,努力将关联性与整合性演绎得淋漓尽致,让孩子们领略"世界图景"的完整结构。一般地说,课程整合有两种常见方式:一是射线式整合,即以学科知识为圆点,根据知识的内在逻辑联系而进行多维拓展与延伸;二是聚焦式整合,即以特定资源为主题,多学科、多活动聚焦,以加强孩子们与社会生活的多学科关联与整合。从表现形式来看,既有学科内统整,又有学科间统整;既有跨学科统整,又有学科与活动统整,以及校内与校外统整等。

6. 操作手册化:让课程变革变得易于操作

学校课程变革应是多维主体参与的变革。如何让师生参与、家长参与,是需要一套可以清晰告知如何操作的课程资料来指导的。我们倡导的学校课程指南就是学校课程手册化的一种做法。一所学校的课程指南包含如下内容:学校简要介绍、学校课程理念、学校课程目标、学校课程图谱、学校课程项目(将每一门课程的纲要精炼地呈现出来)。

7. 实施立体化:整个世界都是教室

英国课程学者斯基尔贝克说:"设计课程的最佳场所在学生和教师相处的地方。"的确,我们让孩子们采用多样的、活跃的学习方式,如行走学习、指尖学习、群聊学习、圆桌学习、众筹学习、搜索学习、聚焦学习、触点学习、实作学习、仪式学习……但凡孩子们在生活世界里精彩纷呈、活跃异常的"做事"方式，都是课程实施与学习的可能方式。须知，课程实施不仅仅是那些概念化了的"自主、合作、探究"。杜威说："一切学习来自经验。"实践、沉浸、对话、互动、参与、体验是课程最活跃、最富灵性的形式，也是课程实施的最重要方法。重视孩子们直接经验的获得，让孩子们亲近自然，走进社会，通过一系列的实践活动，扩充和丰富孩子们的经验和见识，是3.0课程的重要表征。

8. 经验模型化：有逻辑地推进学校课程变革

一所优质学校应该有自己的课程模式，应该建构基于特定课程哲学而组织化了的课程系统，将各课程有机地结合成一个联系紧密的、有逻辑的育人图景。学校课程哲学、课程结构、课程功能、课程实施及课程管理与评价是课程模式不可或缺的构成要素。其中，学校课程哲学是课程模式的灵魂，课程功能和课程结构框架是课程模式的主体内容，课程实施是课程模式的必要落实，课程管理与评价是课程模式的基本保障。建构学校独特的课程模式，是由学校内涵提升与特色发展的要求所决定的。学校课程变革要运用系统思维把自己的经验模型化，形成自己独特的课程模式。一所学校构建了自己的课程模式，并有逻辑地推进课程变革，学校课程发展就会出现不一样的格局，学校发展就会呈现不一样的态势。在郑州金水，我们看到的结果是：课程改变，学校改变；课程灿烂，学校灿烂！

学校课程发展丛书是郑州市金水区教育体育局和郑州未来教育研究院以及全国品质课程联盟团队通力合作的成果，是"品质课程"区域探索与实践的又一个成功例证。

祝愿金水教育的明天更灿烂！

杨四耕

2019年7月5日于上海市教育科学研究院

目　录

前言　/ 1

第一章　在求知中萌发兴趣　/ 1

儿童对周围的世界具有强烈的好奇心和求知欲,这是儿童的天性。苏霍姆林斯基曾经说过:"求知欲、好奇心——这是人的永恒的,不可改变的特性。哪里没有求知欲,哪里便没有学校。"好奇源于未知,未知又能引导求知,科学教育在培养儿童的好奇心和求知欲方面有着得天独厚的优势,顺应儿童的天性,激发儿童对未知世界的求知欲,在不断求知的过程中获得内心的满足,进而能够产生浓厚的学习兴趣,以学养趣,由趣促学,让成长成为一场有趣而又奇妙的旅程。

趣科学:让学生在探究中体验科学的魅力　/ 2
奇趣科学:带领孩子们走进奇妙的科学天地　/ 21

第二章　在明理中生长思维　/ 37

读书为明理,明理在启智。科学思维就是用科学的方法进行思维,是建立在事实和逻辑基础上的理性思考。儿童知识的丰富与思维的发展相辅相成,掌握知识能有效促进思维发展,促进心智、技能提升。科学教育引领儿童在求知的基础上明晰科学原理,建构科学知识体系,以此促进儿童思维的生长,为儿童的进阶学习奠定基础。

童真科学:让儿童的学习与科学真实相遇 / 38
生物乐园:趣游乐园,让思维在探索中升华 / 56

第三章　在笃行中涵养品格　/ 73

　　科学课程以实践活动为载体,引领儿童通过探究活动而获得知识,明晰事物的原理。探究活动是儿童学习科学的重要方式,在探究活动中启迪了智慧,提升了品格。科学教育为儿童提供实践的机会,同时在实践中养成科学的思维方式和行为表现。在实践中指导儿童用动态、发展的观点观察和研究自然,助其养成科学的认知和思维,提高其思维的批判性和严谨性,奠定科学的世界观基础,塑造敢于批判质疑、勇于自主探究的品格。

趣美科学:慢慢生长的奇趣与美好 / 74
探趣科学:兴趣之光点亮科学探究之路 / 90

第四章　在励新中发展智慧　/ 109

　　皮亚杰说过:"教育的首要目标在于培养有能力创新的人,而不是重复前人所做的事情。"创新是科学教育联结未来的姿态,创新赋予科学教育强大的生命力,创新为儿童智慧的发展提供空间。创造力是创新人才的重要品格和能力,儿童创造力的发展是培养创新人才的关键。科学教育以创新为契机,发展儿童的智慧,引领儿童去发现生活的美好,探寻生命的价值,拥有创造幸福的能力,为儿童适应未来社会夯实基础。

乐趣科学:带儿童"卷入"科学探究 / 110
芬芳科学:在芬芳馥郁的科学园地中感悟美好 / 128

第五章 在启蒙中点亮童心 / 145

启蒙即开导儿童的蒙昧,使儿童接受科学新事物。幼儿通过眼睛、手等感觉器官感知周围的世界,这是他们认识身边世界的主要方式。幼儿科学教育着眼于创造条件让儿童广泛接触各种具体实物或模型,鼓励儿童通过观察、触摸等方式认识新事物。通过多看、多触摸探究新事物,从中获得基本的科学常识和启蒙。幼儿科学教育能够让儿童的感觉、知觉变得灵敏,有效促进儿童智力发育,同时能让儿童体验学习科学的乐趣,在儿童的心里种下科学的种子,点亮热爱科学的心灵。

小博士科学:在探究中点亮梦想 / 146

后记 / 159

前言

一、蜕变

一部伟大的人类发展史,就是一部伟大的科学发展史。今天的我们,站在人类科学发展的时代制高点上,遥望未来,却越发觉得,明天的世界会存在更多未知,明天的问题会更加复杂。我们所能应对的,就是在今天的科学教育发展过程中,继续探索新的教育理念与方式,迎接未来。

课程是中小学科学教育的着力点和落脚点。然而,面对未来的中小学科学教育课程,我们,准备好了吗?

一段时间以来,相当数量的基层中小学校,科学教育课程建设并不乐观:科学教师课程意识薄弱,只满足于上好一堂课,无法站在课程高度,俯瞰整体;科学教育校本课程开发缺乏系统性,呈现出"大杂烩"的状况;学生对科学的学习仅仅停留在知识的表层,科学课程未能引领学生实现深度学习的效果。

中小学科学课程建设,呼唤变革。而这一变革的突破口,就是中小学科学课程群建设。

中小学科学课程群,是以培养科学素养为目标,由若干门性质相关的单门科学课程组成的一个结构合理、层次清晰、彼此连接、相互配合、深度呼应的课程集群。从单一的科学课程到科学课程群,使得中小学科学教育更加聚焦核心素养,聚焦育人目标,聚焦课程目标;更加体现科学课程集群间纵向衔接与横向联系;更能实现学校育人目标、科学课程结构、课程功能及课程实施等方面的整合与优化,也更能使科学学科核心素养落地生根,为儿童的终身发展打下扎实的科学基础。

2017年以来,河南省郑州市金水区在品质课程建设的道路上大胆求索,我们试图通过本书所辑的金水区九所学校的探索与设计、思考与前行,为所有关心中小学科学发展,致力于中小学科学课程改革的同仁提供思辨的灵感和行走的方向。

二、建构

金水区学校科学课程群的建构探索,主要体现在既努力去把握科学学科的共性特征,也要实现学校教育哲学与文化相结合的建构,重点显现在学校科学课程群的理念架构的个性多元与课程内容的丰富多样上。

传统科学课程的理念建构往往同质化,缺乏独特的文化解读。课程群建设下的科学学科理念架构不断呈现出个性多元的特点。金水区纬五路第二小学"童真科学"的学科理念,强调要在基于儿童认知的真实活动和学习情境中,保持和发展儿童对科学的热爱,让儿童的科学学习真实自然地发生。金水区工人第一新村小学的"趣美科学"学科理念,让奇趣与美好慢慢生长,因兴趣而心生美好,因美好而衍生兴趣。

传统科学课程的内容往往是基于国家课程的统一教材,课程内容的宽度和深度都有欠缺。科学课程群建构的课程内容,充分实现了学校科学课程资源背景下的丰富多彩。金水区优胜路小学的"探趣课程群",以基础性课程与拓展性课程相叠加的方式,设置了物质科学、生命科学、地球与宇宙科学、技术与工程四大类共60余门课程。郑州市第七十六中学的"生物乐园"课程群,以国家课程为基础,从科学探究、多彩生物圈、生物技术、健康生活四个维度进行课程群的架构,在七、八年级开设了20余门课程,极大地激发了学生学习生物的热情。

探索中的课程群建构这一路径,使金水区中小学科学教育的局面为之一新,学科教学新风扑面而来。

三、实施

科学学科课程群建设必然推动丰富多彩的课程类型的探索,必然构建多样化的课程实施途径,不断促使学生的科学学习从课堂走向多彩的生活,走向广阔的社会,走进深邃奥妙的学科本质。

金水区九所学校在科学课程群实施途径的探索上各具特色,充分发挥了学校优势。社团、节日活动、研学、小课题研究等多种形式并驾齐驱,各放异彩。金水区银河路小学开设的"仰望星空"社团,将宇宙理论知识学习与天文实际观测相结合,进行知行合一的实践活动,整合了学校资源与社会资源,在建立家、校、社会三位一体的课程实施体系、丰富课程实施的途径等方面取得了出色的成果。在学科趣味的驱动下,儿童的学习兴趣大幅提高,实践能力不断增强,学科核心素养逐步累积。金水区沙口路小学结合学校科学特色开展的航空航天课程,包括飞翼无人机真机展出活动、航空机场虚拟现实体验、航空航天主题讲座、航空安全知识小课堂等系列主题课程,激发了儿童对航空科技的兴趣,增长了儿童航空航天知识,实现了科学学科核心素养的落地。

课程群的评价体系不仅关注儿童的综合能力,也关注儿童的个性差异。在评价过程中,让孩子发现了自身真实能力与优势,为他们提供了学习的榜样,使他们明确了努力的方向。切实可行的课堂评价方案、多种评价形式互补,全面地实现了科学核心素养的评价。金水区文化路第一小学倡导的"教——学——评"的一致性,明确"以儿童为中心"的理念,注重发挥首创精神、将知识外化和实现自我反馈,重视对学习效果和自主学习能力等方面的评价,收到了很好的效果。

不仅如此,学校还针对课程群结构中的丰富多样的科技节、不同风采的科学社团、形式新颖的探究活动等内容,综合考虑现实问题与儿童的发展水平,打造不同维度的评价量表,力求全面、科学、真实,发展性地展示孩子们的学习成果。课程群评价重视儿童在真实情境中利用所学知识尝试解答所遇到的问题,关注儿童的批判性思维,同时,在评价体系中引入儿童的情感、态度与动机等内容,无疑为课程群的评价注入新的元素。《写给动物的感谢信》评价量表,STEM课程评价量规,科学社团评价表等内容的设计,无不为教师提供了新的评价思路。

四、展望

一门学科,就是生命成长的一个方向。

本书中所涉及的金水区九所学校对于科学课程群的建构探索,已经初见成效。这样的学科,能够充分带给儿童生命成长的科学动力。在科学课程群意识统领下的新课程中,儿童对于科学学习活动的主动参与、深度参与明显增强,批判思维、实证意识、反思能力正在拔节生长;教师开始站在一定高度去思考科学课程群间学科内容的联系,开始真正走向课程实施的敏感与自觉。科学课程已然成为学校与儿童生命发展之间的一座桥梁。

以色列作家尤瓦尔·赫拉利在他的代表作《未来简史》一书中指出，基因技术、人工智能和机器人技术正在不断改变人与人，人与自然之间的关系，未来的我们还将面对更多我们从未预见的复杂挑战。今天，站在人的发展的教育立场之上，金水科学教育人在品质课程建设之路上的科学课程群实践探索，正是为应对未来，在科学教育的课程建设领域做出的有益尝试。它充分显现出金水科学教育人的勇气与决心、付出与坚持、智慧与理性、热情与果敢，也充分展现了科学学科在课程蜕变中所呈现出的学科之美与学科之趣。

作为一个区域的学科课程建设方案集锦，我们努力在这本书中呈现金水科学教育人转变学科课程观念及探索课程实践的变革之路；呈现学生科学素养形成、教师专业发展的共同成长之路；呈现我们从困惑到思辨，从观望到行动的追梦之路。

从单一的基础课程到丰富而生动的课程群，金水区中小学科学教育课程建设的变革不仅是一门学科的变革，更是金水科学教育人对教育本质的思考，是对人的终身发展的思考，是对未来社会变革的思考。

"春风贺喜无言语，排比花枝满杏园"，春光正好，愿金水区九所学校的科学教育课程群的建设探索之花，开出一片灿烂与金黄的同时，为读者带去新的思考与启迪！

第一章

在求知中萌发兴趣

儿童对周围的世界具有强烈的好奇心和求知欲,这是儿童的天性。苏霍姆林斯基曾经说过:"求知欲、好奇心——这是人的永恒的,不可改变的特性。哪里没有求知欲,哪里便没有学校。"好奇源于未知,未知又能引导求知,科学教育在培养儿童的好奇心和求知欲方面有着得天独厚的优势,顺应儿童的天性,激发儿童对未知世界的求知欲,在不断求知的过程中获得内心的满足,进而能够产生浓厚的学习兴趣,以学养趣,由趣促学,让成长成为一场有趣而又奇妙的旅程。

趣科学：让学生在探究中体验科学的魅力

郑州市金水区未来小学现有3个年级，配备科学教师2人，其中一位具有15年教龄、教学经验丰富，另外一位教学基本功扎实、具有研究生学历。两位科学教师积极研究教学方法、注重学习，不断提升自身素质。所研究的课题多次获得市级课题研究成果一等奖。科学组教师以培养学生科学素养为目标，充分挖掘助力学生发展的科学教育资源，在科学实践中不断探索与创新，在教学过程中有效地培养学生的科学探究能力，提升学生的创新意识，为学生终身发展奠定夯实的基础。依据《义务教育小学科学课程标准(2017年版)》，并根据我校的整体课程规划方案，校科学教研组对现有科学课程进行了深入地研究，对教学内容的设置进行了科学地选择与整合，在教材教法上进行了改进，制订出我校科学课程建设的新方案。

第一部分　学科课程哲学

一、学科性质

在科学技术不断创新的大背景下，科学课程也日益完善。科学课程致力于为每一位学生提供探究科学奥秘的机会，同时又注重学生思维水平的发展，使他们都能拥有适应现代生活、顺应时代发展所必备的科学素养。

小学科学课程是一门基础性、实践性、综合性课程。[1] 课程立足于学生熟知的自然现象，从物质科学、生命科学、地球与宇宙科学、技术与工程四个领域，呈现出不同类别的科学知识与方法，并运用跨学科概念加强不同领域间的联系，强调自然界的不可分割性。小学科学课程内容的设置，对于学生科学素养的提升具有不可或缺的作用。

---

[1] 中华人民共和国教育部. 义务教育小学科学课程标准(2017年版)[S]. 北京：北京师范大学出版社，2017. P. 1—2

基于此,"趣科学"课程以学生发展特点为抓手,以探究为途径,以实践为基础,注重培养学生对科学的兴趣与热情,让学生亲历科学探究,以更好地融入未来社会。

二、学科理念

基于学校"向着梦想出发"的课程理念,我校将科学学科的核心概念确定为:趣科学。"趣"既是兴趣,又是趣味。趣科学,不仅注重激发学生的学习兴趣,更加强调课程内容设置也要充满趣味性。课程理念即兴趣激发探究,乐享趣味科学。

(一)"趣科学"激发学习兴趣

以"兴趣"为师,以"兴趣"为先导,更能体现学生主体作用和主动性。学生积极主动地投身于科学学习,"趣"不可少。"趣科学"除了"趣方法",还设置了丰富的课程内容,具有灵动性、趣味性、可塑性,使学生的主体性得到了充分体现。

(二)"趣科学"培养探究能力

亲历以探究为主的科学活动,正是提高学生科学素养的必经之路。"趣科学"课程使学生在真实的科学探究过程中领略科学的乐趣、获取科学知识、提升探究能力。"趣科学"注重在尊重科学事实的同时,鼓励学生大胆设想、善于质疑,尝试解决生活中的问题,满足求知欲。

(三)"趣科学"关注思维发展

"趣科学"课程是以探究活动为途径,培养学生科学思维的课程。在课程实施中,要突出学生的主人翁地位,改进教学方法,把更多的时间和空间留给学生,让他们能够投入到科学探究中,在体验一系列实践活动的过程中,发展科学思维能力。科学思维的发展是课程实施效果的直接体现,主要涉及以下几个方面:能够对证据和理论作出区分;能够尊重证据和理论;能尝试协调理论和证据的不一致。让学生逐渐运用思维方法,如:概念、分类、比较、推理、归纳,使他们的科学思维能力能够在探究过程中不断发展。

(四)"趣科学"促进表达交流

"趣科学"课程鼓励学生敢于进行表达和交流。在经历认真观察、发现问题、对比研究并推理思考,寻找科学证据,进行分析,得出结论,这一系列科学探究活动过程中,学生的思维在活动前后会发生变化,科学概念在他们动手动脑的学习中逐步变得清晰。在体验的基础上,学生能自信地进行表达,说出观点和意见,既锻炼学生的语言组织能力,也培养他们的辩证思维能力。

(五)"趣科学"鼓励探索创新

"趣科学"课程的学习同时需要创新精神与能力。"趣科学"课程鼓励学生探索创新,设置了开放的课堂形态,让学生深入课堂内外探究、积累科学知识,增长科学见识,通过各种学习形式激发学生的创新热情,培养他们的创新能力。在课程实施过程中,紧密联系科学与生活实际,有目的、有侧重地引导学生并及时鼓励他们进行发明和创造,用创新架构现实世界与想象世界。

第二部分 学科课程目标

《义务教育小学科学课程标准(2017年版)》指出:"小学科学课程的总目标是培养学生的科学素养,并为他们继续学习、成为合格公民和终身发展奠定良好的基础。"[1] 课程标准从不同的维度,表达了对学生的明确期望,并为科学课程的教育教学指明了道路和方向。

基于此,结合学校实际,我校"趣科学"课程提出了以下课程目标:

一、学科课程总体目标

结合科学课程标准的总目标、课程内容,将"趣科学"课程的总体目标从科学知识目标、科学探究目标、科学态度目标以及科学、技术、社会与环境目标四个维度进行阐述。

(一)科学知识目标

学生通过"趣科学"课程的学习,掌握符合年龄特点和认知水平的科学知识,熟悉科学学科核心概念,了解周围环境中相关的科学现象,认识事物的主要特征,并在日常生活中感受科技发展给人们生活带来的巨大改变。

具体知识目标有:认识不同种类的动物、植物,并了解它们的特性,认识人与动植

---

[1] 中华人民共和国教育部. 义务教育小学科学课程标准(2017年版)[S]. 北京:北京师范大学出版社,2017. P.6

物的关系;通过设置不同的趣味实验,了解物质的基本特征,在有趣的实验中逐步掌握相关科学知识及原理;认识到水和空气等物质的重要性,并了解其对人体和生命的重要作用;了解气象知识,在实验中理解气象的成因,知道气象对动植物和人类活动的影响;了解物体的基本运动形式,认识常见不同类型的力产生的作用;知道太阳在天空中东升西落的位置变化,太阳能够发光发热,太阳对植物和人的重要性,了解月相变化现象,认识星座;了解一年中季节的变化现象,以及季节变化对动植物和人类生活的影响。

(二)科学探究目标

使学生了解科学探究是获取科学知识的重要途径。让他们能基于已有的经验和知识,从观察到事物的结构、特征、变化等角度提出科学问题;再根据提出的问题作出有依据的假设,使其在制定计划的基础上进行科学探究从而得出结论,能够根据探究内容制定简单的计划,并能用语言进行描述;能够综合运用多种感官或借助恰当的仪器对事物进行观察,学会调查、记录、对比、归纳、整理等科学方法并尝试运用;并通过观察、查阅资料、实验等方式展开科学探究,能够依据证据运用分析、比较、推理、概括等方法分析结果,得出结论;用多种形式对探究过程进行记录,最后整理信息,并用科学的语言描述探究过程和结果;使其愿意与同学交流,倾听别人的意见,对探究过程和结果进行科学的思考和判断,学会对探究过程进行反思,发现问题,修改并完善探究计划,最终完成探究任务,经历完整的探究过程。

(三)科学态度目标

使学生对生活中的科学现象和自然现象表现出浓厚的兴趣,对大自然及自然现象、科学现象保持好奇心,乐于参加教师组织的实验调查、科技制作等活动,能够正确对待"趣科学"课程的学习任务并认真完成所布置的作业;在学习中能够积极表达自己的见解,会倾听他人的讲话,尊重他人、理解他人的想法,接受他人的建议,具有推理能力、证据意识和批判意识,能够实事求是、有理有据地进行交流;在"趣科学"课程学习中,能够团结互助、合作学习、善于思考、追求创新。

(四)科学、技术、社会与环境目标

使学生初步了解动植物、水、空气、力、气象等相关知识及其在生活中的应用,树立节约资源、爱护环境、人与自然和谐相处的观念,增强环保意识;了解人类需求不断推动科技发展;认识科技如何改善人类生活,如何促进社会发展;意识到科学探究是认识客观世界、获取科学知识的重要途径,帮助他们树立积极的科学价值观;通过学习、改进创新的方法,培养学生创新思维和能力,在巩固与完善科学知识的基础上,对生活实际中遇到的事物进行创新。

二、学科课程年级目标

根据各年级科学学科课程学习内容,结合学生年龄层次和认知水平、学习能力水平等,制订了1—3年级的科学学科课程年级目标。(未来小学"趣科学"课程年级目标见表1)

表1 金水区未来小学"趣科学"课程年级目标表

目标 年级	科学知识目标	科学探究目标	科学态度目标	科学、技术、社会与环境目标
一年级	认识常见的动植物,描述动植物的基本特性;了解水的特征,在实验中掌握相关科学知识和原理;了解地球概况,知道地球是人类赖以生存的环境。	在教师的指导下,能提关于动植物的问题并做出依据的假设;了解科学探究要制定计划,能利用多种感官或者工具进行观察,能用不同的形式记录动植物的特征;初步形成运用科学方法得出结论的意识。	能对常见的动植物和其他物质的外在特征及自然现象表现出探究兴趣,尝试观察和探究身边的动植物;能尊重事实,并用事实说话;能在探究过程中做出有依据的假设,并勇于表达。	了解科学技术与人类生活息息相关,关注科技进步与发展;了解人类生活与自然界的关系,具有爱护动植物的意识;激励发展个性,激发想象,培养创新意识。
二年级	了解空气特征,认识空气对人类产生的影响与作用;知道太阳在天空中东升西落的位置变化及发光发热,对动植物和人的重要性;了解四季的变化现象,及四季变化对动植物和人类生活的影响。	在教师指导下,了解进行与空气相关问题的探究需要制订计划,并能用语言描述;能够自主展开调查探究活动,掌握调查活动的方法;能与同学交流自己的探究计划,并具有对探究过程、方法和结果进行评价的意识。	对自然现象表现出浓厚的学习热情;能准确表述事实,并养成用事实说话的习惯;能够用多种思路、多样方法完成科学探究;乐于表达,能讲述自己的想法,具有合作意识。	有参与环保的意识,愿采取行动保护环境和资源;了解科学知识及科技与生活的联系;了解科学技术对人类生活的影响;进行科技小制作和创意设计,提高制作能力;培养创新意识,提高创新能力。
三年级	了解水生动植物和昆虫的特征;了解气象知识,知道天气对动植物和人类生活的影响;认识力的作用,认识常见工具并学会正确使用。	在教师指导下,能正确使用观测仪器,正确操作实验,掌握简单的测量方法和记录方法;学会观察实验现象,能依据证据运用分析、比较、推理、概括等方法分析结果,得出结论。	尊重科学,面对搜集的证据,乐于表达自己的观点;乐于运用多种方式设计并完成科学探究;能接纳他人的观点,完善自己的计划;乐于完成实验探究,贡献自己的力量。	意识到科技促进社会进步,了解人类的需求是影响科学技术发展的关键因素;交流自己的奇思妙想,进行创意设计或制作;展示科技特长,进行发明创新。

第三部分 学科课程框架

我校建构科学学科课程框架的依据是学校"梦之π"课程体系的总体框架，构建"创之π"课程——科学与探索课程，主要包含"趣科学"课程群，突出科学特色。

一、"趣科学"课程结构

依据小学科学课程标准、科学学科核心素养、小学生学习能力发展特点以及我校学生的学生特质，"趣科学"课程内容设置从"生命科学、物质科学、地球与宇宙科学、技术与工程"四个领域入手，确定了四个模块内容：魅力生命、奇妙物质、广阔天地、创意制作。（"趣科学"课程结构图见图1）

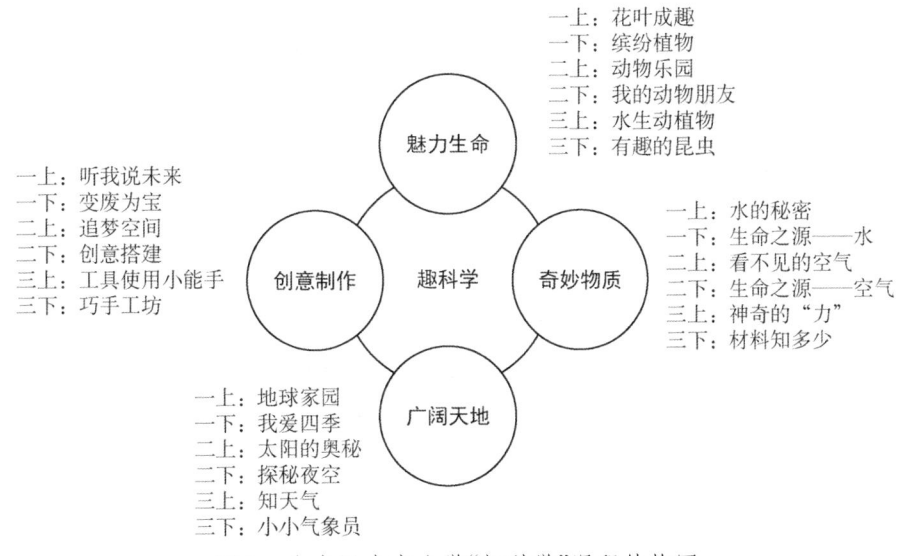

```
                        一上：花叶成趣
                        一下：缤纷植物
                        二上：动物乐园
              魅力生命   二下：我的动物朋友
                        三上：水生动植物
一上：听我说未来        三下：有趣的昆虫
一下：变废为宝
二上：追梦空间                  一上：水的秘密
二下：创意搭建                  一下：生命之源——水
三上：工具使用小能手 创意制作  趣科学  奇妙物质  二上：看不见的空气
三下：巧手工坊                  二下：生命之源——空气
                                三上：神奇的"力"
              广阔天地           三下：材料知多少
              一上：地球家园
              一下：我爱四季
              二上：太阳的奥秘
              二下：探秘夜空
              三上：知天气
              三下：小小气象员
```

图1 金水区未来小学"趣科学"课程结构图

魅力生命：内容主要涉及生命科学领域，使学生观察、认识动植物，了解动植物的特征，能进行简单的种植和养殖活动；了解动植物和人类之间的关系，热爱自然，保护动植物；学会简单的观察、记录等探究方法。通过学习，激发学生亲近自然、探索自然的兴趣,树立热爱自然、保护环境的情感。

奇妙物质:内容主要涉及物质科学领域,使学生通过多种感官进行感受,了解物质的基本特征,在探究中通过观察现象发现物质的变化,感受物质所蕴涵的科学奥秘;感知水和空气对动植物和人类的重要性,使学生树立环保意识;通过对材料的认识,使学生了解材料的特点,学会使用简单的工具和材料进行科技制作。通过学习,激发学生对生活中的物质产生强烈的好奇心,从而运用所掌握的科学探究方法展开自主探究,体会物质科学对人类生活的重要性及对社会发展的促进作用。

广阔天地:使学生了解地球家园的概况和资源,知道地球是人类赖以生存的家园,铭记人类要保护地球;使学生了解四季的变换、太阳的奥秘、月相变化和星座知识,对自然产生强烈的好奇心和探究欲望;通过气象知识的学习,使学生了解天气现象及其成因;学会用测量、记录、整理等方法对气象进行观测和播报。通过一系列的学习,使学生对地球与宇宙产生初步的认识和浓厚的兴趣,从关注周围的事物开始,了解广阔的天地。

创意制作:通过讲述、设计、制作等方式,鼓励学生观察生活中的科技产品,了解科技的进步,体验科技创新带给人们生活的便利,激发创新意识;利用身边的常见材料,进行变废为宝、创意搭建等科技制作与创新活动;学会正确使用常用工具并利用工具和材料进行设计与制作;通过学习,使学生认识到科学与生活息息相关,关注科学发展,结合科学知识,利用科学原理,尝试对身边的事物进行改进和创新,从而培养学生的科学思维和创新精神。

二、"趣科学"课程设置

"趣科学"课程设置了三个年级的课程内容,分为上下学期,每个学期都由"魅力生命、奇妙物质、广阔天地、创意制作"四个类别的课程构成。课程设置内容丰富,有利于热爱科学的学生深入学习,发挥特长。("趣科学"课程设置见表2)

表2 金水区未来小学"趣科学"课程设置表

课程 年级	魅力生命	奇妙物质	广阔天地	创意制作
一年级上期	花叶成趣	水的秘密	地球家园	听我说未来
一年级下期	缤纷植物	生命之源——水	我爱四季	变废为宝

(续表)

课程 年级	魅力生命	奇妙物质	广阔天地	创意制作
二年级上期	动物乐园	看不见的空气	太阳的奥秘	追梦空间
二年级下期	我的动物朋友	生命之源——空气	探秘夜空	创意搭建
三年级上期	水生动植物	神奇的"力"	知天气	工具使用小能手
三年级下期	有趣的昆虫	材料知多少	小小气象员	巧手工坊

第四部分 学科课程实施

"趣科学"课程整合了校内外教育资源,以科普知识为主线,以探究实践为载体,以课堂教学为主阵地,把科技节和社团活动作为必要补充,将校园、社区、家庭资源相结合并有效利用,实现多维度、多角度的整合。紧扣"趣科学"的课程理念,保证学生所学内容趣味化、学习形式多样化。"趣科学"课程将从以下四个方面展开实施：

一、构建"趣课堂",拓展课程宽度

(一)"趣课堂"的基本要求及推进策略

依据"趣科学"的课程理念,结合"趣科学"的课程目标,我们提出了"趣课堂"的基本要求：趣味、开放、自主、合作、严谨、真实。

趣味："趣课堂"是充满趣味性的课堂,课程内容的设计从贴近学生生活出发,捕捉他们的兴趣点,提供想象的空间,激发他们的好奇心和求知欲,使他们产生兴趣并乐于主动探究。

开放："趣课堂"是开放的课堂,给学生提供充足的课程资源和探究机会,使学生能够针对自己感兴趣的问题,采用多种学习方式进行深入地观察、调研、发现、质疑、归纳、总结。

自主："趣课堂"是引导学生自主学习的课堂。让学生充分使用自己的主动权,以促进学生在复杂多变的情境中主动参与科学活动。

合作:"趣课堂"是培养学生合作学习的课堂。教师要注重培养学生的合作学习能力,以助于课堂的合理分组和分工,保证学生各司其职、各尽其责,养成良好的合作习惯。

严谨:科学课是严谨的,容不得半点虚假,"趣课堂"注重培养学生严谨的科学态度和科学思维。对科学现象进行观察、判断和推理是一个严谨分析的过程,对科学现象的猜想和假设要基于证据,必须经过验证才能得到正确的结论。

真实:"趣课堂"是真实的课堂。学生只有在真实的问题情境中才能让探究性学习真实地发生,科学课堂上往往会有很多生成性问题,由真实的问题,进行真实的探究、产生真实的学习、获得真实的体验。

基于"趣课堂"的基本要求,我们坚持以孩子的需求为前提,以丰富的探究活动和实践活动为载体,以多样化的校内外综合资源为要素,推进"趣科学"课程的实施。"趣课堂"的推进策略如下:

1. 主题式的教学活动,让学习充满趣味

我们根据"魅力生命、奇妙物质、广阔天地、创意制作"这四个模块在不同年级设置不同的学习主题,如"花叶成趣、水的秘密、地球家园、听我说未来"等内容,根据学习主题展开教与学相关的活动。课程内容丰富且有趣,让学生带着好奇心探究身边的科学。

2. 多样性的教学形式,使课堂开放灵动

灵活的课堂教学形式,给学生提供开放的课堂环境、轻松的学习氛围,创造自主学习与合作学习的机会。我们将"趣课堂"教学形式总结为:启发式、讲授式、互动式、指导式、探究式、实践式。根据课程内容选择恰当的教学形式,多种教学形式可以合并使用,使"趣课堂"更丰富、更灵活、更有趣。教师因材施教,学生有效学习并乐于表达交流。

3. 培养严谨的科学态度,让探究真实地进行

"趣课堂"关注学生探究体验的真实性、实效性。教师要鼓励学生提出科学问题,并及时捕捉学生在课堂中的生成性问题,灵活应用多种教学形式,促进学生科学探究和科学思维方法的养成,使他们对科学内涵的理解更加清晰,使他们对探究解决问题的策略运用更加到位,逐步使学生养成严谨的科学态度,让探究在"趣课堂"上真实地发生。

4. 根据课程内容采取不同的实施策略

本教学是以探究活动为主要学习途径的课程内容,注重学生探究能力的发展。设

计的探究活动以兴趣为起点,来指导学生制订完善的探究计划、明确实验探究目的,根据计划进行科学探究并结合实际进行修正。每个年级对学生的探究要求及要达到的教育目标有所不同,实施过程中要循序渐进。

本教学是以实践活动为主的课程内容,注重学生真实的实践体验。科学实践需要更开放的空间、更丰富的教育资源,因此,课程的实施不局限于教室和学校,还将实践活动延伸至家庭、社区、社会,使学生开阔眼界,更广泛地探究生活中的科学。

本教学是以创新活动为主的课程内容,注重学生创新能力的发展。在实施过程中需要教师根据"切身性策略",教学内容由易到难、循序渐进,教学方式要符合学生的特点,教学资源要丰富。

(二)"趣科学"课堂的评价标准

评价的目的在于更好地了解教师在课程实施过程中起到的作用、更好地监测教学行为。了解学生在学习过程中教学目标的达成度,有效评测教与学的质量水平。"趣科学"课堂评价分两种分别对应教师教学效果的评价和学生学习情况的评价。我们将"趣科学"课堂的基本要求:趣味、开放、自主、合作、严谨、真实,作为评价主要内容融入在未来小学"趣课堂"教学评价表中,对"趣课堂"进行全面、综合的评价。("趣课堂"教学评价表见表3,"趣课堂"学生学习情况评价见表4)

表3 金水区未来小学"趣课堂"教学评价表

教师姓名		授课时间		班级		评课教师		
课题:								评价
评价指标 评价项目	评价等级 权重	优	良	合格	待努力			
		完全达到	基本达到	部分达到	少量达到或未达到			
教学设计	目标 (10分)	1. 目标紧扣课标和学情,突出教材和学段特点。 2. 符合课程标准要求,体现科学课堂的趣味性。						
	内容 (10分)	1. 内容选择与设计合理,提供开放的课程资源,能紧密联系学生生活、当地实际和现实问题。 2. 教学结构合理,内容组织关系清晰,重点突出。 3. 教材重难点课程编排科学把握准确,能有效利用课程资源。						
		优 20—18分	良 17—15分	合格 14—12分	待努力 11分以下			

科学学科课程群

(续表)

教师姓名		授课时间		班级		评课教师	
课题：							评价
评价指标\评价项目	评价等级权重	优	良	合格	待努力	
		完全达到	基本达到	部分达到	少量达到或未达到	
教学实施	方法(20分)	1. 面向全体学生，力求每个孩子都参与到学习活动中来，体现学生主体地位。 2. 教学方法得当、严谨、注重思维发展，能有效达到预期目标。 3. 课堂组织灵活、开放、活泼，教学时间分配合理，各种教学方法运用熟练。 4. 教学倡导学生个性化、多样化学习，通过自学、合作、探究，形成多元互动、共同成长的新型学习方式。 5. 积极使用多媒体及各种现代教学手段辅助教学，使用方法规范、恰当、合理、效果好。					
		优 20—18 分	良 17—15 分	合格 14—12 分	待努力 11 分以下	
	过程(35分)	1. 创设自由、平等、民主的课堂学习氛围，鼓励并引导学生大胆猜想，认真实验，主动合作，积极交流。 2. 有效组织科学探究活动，综合运用教学方法，引导学生亲历真实的科学活动的全过程，对于课堂生成问题，教师能够恰当处理。 3. 有序组织小组合作学习，对学生进行科学探究方法指导，知识拓展得当，能够把控学生的讨论方向、时间和深度。 4. 教学氛围融洽，师生之间相互交流、相互促进，教学相长。					
		优 30—25 分	良 24—19 分	合格 18—13 分	待努力 12 分以下	
	教学效果(15)	1. 达成预期目标，学生知识结构合理，基础能力得到发展，形成良好的科学素养。 2. 课堂教学充分体现丰富的教学内容及趣味性的学习活动，教学效果好。 3. 师生心理体验良好，有效促进教学相长，彼此进步。					
		优 20—18 分	良 17—15 分	合格 14—12 分	待努力 11 分以下	
教师素质10分		1. 具有丰厚的知识底蕴，教学基本功扎实。 2. 教学方法新颖，能在及时指导学生的同时加以适时引导。 3. 能针对学生的个体差异，因材施教。					
		优 10—9 分	良 8—7 分	合格 6 分	待努力 5 分以下	

表4　金水区未来小学"趣课堂"学生学习情况评价表

学生姓名		班级				自评	师评
课程名称							
指标及权重	优 100—90分	良 89—70分	合格 69—60分	不合格 60分以下			
评价要求	完全达到	基本达到	部分达到	少量达到或未达到			
科学态度 （10分）	积极主动参与活动，充满热情，尊重他人，善于合作。						
	10—9分	8—7分	6分	6分以下			
科学知识 （20分）	能够正确把握科学概念、原理，并用来解决实际问题。						
	20—18分	17—14分	13—12分	12分以下			
探究活动 （30分）	能够积极参与实验探究，掌握科学的探究方法，积极参与探究活动，根据分工尽职尽责完成任务，完整保存记录表等过程性资料。						
	30—28分	27—24分	23—22分	22分以下			
实践体验 （20分）	能主动参与科学实践活动，能运用所学知识处理尚需解决的问题。						
	20—18分	17—14分	13—12分	12分以下			
科技创新 （20分）	能够积极进行创意设计，创新制作，能够完好地保存小制作作品和创意设计作品，作品数量齐全。						
	20—18分	17—14分	13—12分	12分以下			

二、设立"未来科技节"，丰富学习生活

（一）"未来科技节"活动的实施策略

开展"未来科技节"主题活动，使学生的个性特点充分得到展示。在每个学年下学期，每个年级统一时间举行一次全校活动。通过举办"科技节"，进一步丰富学校科学课程群的建设，激发学生的创造热情，激励学生进行头脑风暴，促使学生科学素质和实践能力不断提高。"科技节"主题活动是以学期学习内容为基础的拓展性展示，包括科学创意设计、科学知识竞赛、科技小制作、科学摄影、纸飞机比赛等项目。

1. 竞赛类项目

竞赛类项目包括科学知识竞赛、纸飞机比赛。每个班根据竞赛项目的具体实施要求，依据学生自身特长报名参加，学校安排统一时间，分年级进行比赛；统一安排评委老师，根据每个竞赛项目的评价标准进行打分，最终评选出获奖班级和获奖名次。

（1）科学知识竞赛。本活动旨在以课堂知识为基础，激发学生探索科学奥秘的热

情,丰富并补充学生的课堂知识。本活动也将促使学生了解科学知识的重要性,更加重视科学的学习、知识的掌握。

(2)纸飞机比赛。本活动旨在丰富校园生活,给学生提供有趣的竞赛项目,张扬学生的个性,提高动手能力,建立公平公正的竞赛机制,让学生拥有成功的体验及竞争的意识,同时为他们提供学习科学的美好愿景。

2. 展示类项目

展示类项目包括科学创意设计、科技小制作、科学摄影。各年级根据展示活动的方案及具体要求,力求更多的学生参与其中。先由每班推荐优秀作品至评审组,评审组根据作品质量进行筛选,优中选优,将更具特色、更符合参展要求的作品进行整理并在校园展览,给全校学生提供欣赏和学习的机会。最后,评审组根据评审标准对学生的作品进行评价,评选出获奖作品和名次。

(1)科学创意设计,本活动旨在给学生提供展示自我的机会,在丰富的活动中体验科学的乐趣,培养发散思维及创造能力。

(2)科技小制作,本活动旨在给学生提供科学实践的机会和平台,增强学生的科技动手能力;以有效的形式,来充实学生的课余生活。

(3)科学摄影,本活动旨在鼓励学生观察生活、了解大自然、关注身边的事物。科学摄影可包含气象、生物、天文、生态、环境等内容,摄影作品反映科学内涵或科学知识,同时推广自然之美。

(二)"未来科技节"活动评价方法

"科技节"主题活动有竞赛类和展示类,竞赛类根据每个项目的比赛方案和标准进行评比,根据人数比例进行奖项设置,共设有一、二、三等奖;展示类活动是根据上交作品的质量进行一轮筛选,将有特色的、优秀的作品挑选出来在校园里进行展览,按照参加展览的作品数量进行奖项设置,共设有一、二、三等奖。("未来科技节"评价表见表5)

表5 金水区未来小学"未来科技节"活动评价表

评价指标	评 价 内 容	评价分值
目标 (20分)	1. 活动主题鲜明、目标明确、重点突出。 2. 通过活动培养学生的实践能力、学习能力和科学创新精神。	

(续表)

评价指标	评价内容	评价分值
计划 (20分)	1. 活动有详细的方案和计划,安排合理。 2. 活动内容具有趣味性、科学性和实践性。	
实施 (30分)	1. 实施形式多样,学生参与积极性高。 2. 面向全体学生,关注学生的个性和差异。 3. 组织有序,活而不乱,各项活动举行顺利。 4. 各项活动有详细的评价标准,做到公平、公正、公开地进行评价。	
成效 (30分)	1. 学生活动成果丰富、形式多样、各具特色。 2. 学生在各项活动中能够相互交流学习,提高学习能力。 3. 科普氛围浓厚,活动实施顺利。	
总评标准	评价结果分为优秀、良好、待努力三个等级 85—100分为优秀,65—84分为良好,65分以下为待努力。	

三、建设"奇趣"科学社团,激发学习兴趣

为充分调动学生学习科学的热情,激发学生无限的想象力,拓宽学生的知识视野,促进学生思维的发展,我校建设了"奇趣"科学社团。"奇趣"科学社团以培养创新精神和实践能力为重点,注重发挥学生的优势,让热爱科学的学生与科学零距离接触。社团整合校内外优质教育资源,积极开展丰富的社团活动,通过社团活动激发学生的好奇心,提高学生的主观能动性,鼓励学生尝试设计与创新,力求高效地开展社团活动。

(一)"奇趣"科学社团的建设

"奇趣"科学社团实施策略包括:

1. 社团活动规范化、常态化。"奇趣"科学社团活动每周开设一次,将实验室作为固定活动场所,由科学教师担任社团活动指导教师,社团采取双选的方式组建并展开活动,教师根据自身特长选定辅导项目,学生根据兴趣及特长选择加入社团。

2. 在全面了解教师特长和学生兴趣的基础上,结合教育资源,设计以突出趣味性、探究性和实践性的社团活动,教师要制订社团活动计划,每周提前备好课,安排好社团活动的内容和形式。活动内容要突出科学性、知识性、趣味性和实效性,活动过程中要及时收集、整理好过程性资料,便于进行阶段性教学评价,根据过程性资料对课程实施进行反馈,同时,保留学生作品以便于组织社团展示活动。

3. 充分利用校内外资源。"奇趣"科学社团在实施过程中充分利用校内外资源,

如学校实验室、仪器室、图书室、阅览室及各类教学设施,给学生提供丰富的探究场所及材料,提供畅读书籍、查阅资料的学习机会,鼓励学生积极探究、动手操作、主动学习;此外,当地的科技馆、地质博物馆、花卉市场、紫荆山公园等也是优质的教学资源,给学生提供更多的机会走出校园,走进大自然,走进科普场馆,边参观边学习,边探究边实践;邀请专家来学校进行科普讲座,让学生聆听丰富的科学知识,积累大量的科学经验。

(二)"奇趣"科学社团评价方法

"奇趣"科学社团每学期期末进行一次评价,由学校组织教师对社团活动开展情况进行评价,评价项目有社团管理、活动开展、实践交流、教师发展、学生成长这五个方面,具体的评价标准和办法如下表。("奇趣"科学社团评价表见表6)

表6　金水区未来小学"奇趣"科学社团评价表

社团指导教师		社团评价总分	
评价项目	评价标准和办法		分值
社团管理 (20分)	1. 社团要有规范的规章制度,有固定的活动场所,要固定1—2名辅导教师,指导学生社团活动。 2. 社团活动指导教师及时到位,记录每次活动的出勤率。 3. 活动前有计划,活动后有记录,社团活动过程性资料详实,期末有活动总结。		
活动开展 (30分)	1. 依据社团计划开展活动,有详细的活动内容、记录、图片。 2. 活动内容丰富,形式生动,具有创新性,学生满意度高。 3. 辅导教师精心备课,重视发展学生的个性特长。		
实践交流 (10分)	1. 能积极配合学校开展各项活动,认真落实各项工作。 2. 积极参加校内、外的交流展示活动。		
教师发展 (20分)	社团指导教师能够热心于学生社团的发展,教学方法灵活多样、有实效,符合学生特点,为学生所喜爱。		
学生成长 (20分)	学生参与活动积极性高,通过参与社团活动,不断提高自主学习能力和合作意识。积极参加各种展示活动和竞赛项目。		
建议			

四、开展"趣味研究",延长知识深度

通过组织学生从事科学研究活动,让学生在自主开放的科学研究氛围中充分动手动脑。引导学生经过一系列的科学研究过程,进一步发现科学的性质、原理,并通过自

己的研究能给予科学的解释,从而获取探究的乐趣、延展科学知识的深度。"趣味研究"注重使学生从"读科学"向"做科学"转换,体验小科学家的角色。

(一)"趣味研究"的实施策略

(1)研究内容的确定。以科学课程建设方案为依托,以学生兴趣为基础,确定研究主题,进行小组为单位的"趣味研究"。根据所开设的学习主题,创设科学研究情景,引导学生进行问题梳理,开展自主研究。并建立研究模式:确定研究主题、设计研究方案、实施研究过程、得出研究结论、进行研究展望。

(2)研究小组的确立。为保证"趣味研究"的有效开展,促进学生合作精神和交流能力,以自愿结合的原则组成研究小组。小组内可包含4—6个兴趣相近、能力不同的学生。个人活动与小组活动相结合,同时根据实际情况不断调整小组结构,以保证研究小组人员搭配的合理性。

(3)科学研究方法的指导。指导学生用科学的方法制定研究方案,以保证研究的顺利实施。例如指导学生运用科学实验法、调查研究法、文献分析法等方法进行研究,以及运用研究报告、视频、PPT等形式表达研究成果。研究成果的展示尽量采用学生自己喜欢的方式,以增强科学研究的趣味性。

(二)"趣味研究"的评价方法

根据"趣味研究"的实施目标,制定"趣味研究"的评价方法。在评价原则上,以过程评价和小组自我评价相结合;"趣味研究"的评价是一种发展性评价,注重提升学生学习科学的兴趣,体验科学的趣味。("趣味研究"评价见表7)

表7 金水区未来小学"趣味研究"评价表

研究小组		评价总分	
评价项目	评价标准和办法		得分
主题立意新颖 (20分)	1. 研究选题立意新颖、独特。 2. 研究主题具有创新性、特色性。 3. 研究主题具有价值性、必要性、应用性。		
方案切实可行 (10分)	1. 研究方案切合学生实际经验与能力。 2. 研究方案具有可行性、可操作性。		
过程真实有效 (30分)	1. 研究过程有序开展,有详实的活动内容、记录、图片。 2. 研究记录真实、有效。		

(续表)

研究小组		评价总分	
评价项目	评价标准和办法		得分
结论科学严谨 （20分）	1. 能积极配合学校开展各项活动，认真落实各项工作。 2. 积极参加校内、外的交流展示活动。		
意义广泛实用 （10分）	1. 研究结论具有教育价值。 2. 研究结论可推广、应用。 3. 研究结论具有实用价值与现实意义。		
小组自我评价 （10分）	1. 每位组员能积极参与研究。 2. 能及时记录遇到的研究现象。 3. 能深入思考研究中出现的问题，并合作解决。		
建议			

五、开展"童趣研学"，拓展学习空间

（一）"童趣研学"实施策略

通过开展"童趣研学"活动，拓展学生的学习空间，丰富学生的学习经历和生活体验，让学生在研学的过程中增长见识、学习知识、体验自然、感受人文，提高学习兴趣，全面提升综合素养。

活动之前，教师精心设计研学课程活动内容，设计研学任务单，制定详细的活动计划，确保活动有序开展。以班级或年级为单位选择研学主题，聘请班级家委会的家长为活动志愿者，协助老师组织研学活动。教师围绕研学主题在研学活动前上一节指导课，讲解研学要点、研学方法及相关知识，做好研学前的活动准备。另外，要做好安全保障工作，制定详细的安全应急预案，确保活动安全。研学活动中，学生进行独立学习或合作学习，根据自己在活动中的发现以及思考，完成研学活动任务单，教师及时对学生的研学活动进行指导和评价，发现学生的个体差异，有针对性地进行引导，家长志愿者积极协助教师组织学生，统筹安排活动。研学活动结束，参加活动的班级要进行研学活动总结，学生整理自己的研学成果，以研学任务单、调查研究报告、科学小论文等呈现形式，学校把学生的成果汇编成册，与全体学生及家长分享。（"童趣研学"课程设置见表8）

表8　金水区未来小学"童趣研学"课程设置表

年级	主题	内容	学习目标
一年级	走进自然	参观郑州植物园、郑州动物园、郑州自然博物馆	走进大自然,认识动植物,了解动植物的特点。
二年级	科学探究	参观郑州市科技馆、郑州市气象科普体验馆	在场馆中体验、探究,发现科学原理,学习科学知识。
三年级	地质探索	参观郑州市地质博物馆	了解地球的形成和演化、地质环境、恐龙历史、生物演化、矿产资源等内容,感受自然的神奇。

(二)"童趣研学"评价方法

"童趣研学"的评价从组织引导和学生活动两方面进行评价标准的设置,组织引导主要针对教师对研学活动的组织设计和指导进行评价,学生活动针对学生在研学中的表现情况、研学效果进行评价。"童趣研学"由教师和学校领导作为评价主体,指导教师根据评价标准对每次研学活动进行全方位的评估,针对发现的问题进行完善和改进。校评由全程参与研学活动的学校领导根据对研学活动的观察、参考学生的研学成果,对研学活动进行评价,提出建议,督促整改。("童趣研学"评价表见表9)

表9　金水区未来小学"童趣研学"评价表

评价内容	评价标准	评价分值	
		师评	校评
组织引导 (50分)	1. 有研学课程实施方案,有具体的活动安排。(10分)		
	2. 研学课程活动设计详细、目的明确、组织有效。(10分)		
	3. 研学活动中,教师及时对学生进行学习方法和相关知识的指导。(10分)		
	4. 观察学生在研学活动中的表现,及时进行评价。(10分)		
	5. 教师充分发挥引导作用,研学活动整体效果好。(10分)		
学生活动 (50分)	1. 积极参与研学活动,有强烈的好奇心,能够主动学习并完成研学任务。(10分)		
	2. 能够运用多种学习方法、多种途径获得信息,能够独立思考,善于合作学习。(10分)		
	3. 通过研学活动增长见识,提高实践能力、收集信息及解决问题的能力。(10分)		

(续表)

评价内容	评价标准	评价分值	
		师评	校评
学生活动 (50分)	4. 在研学课程中积累丰富的学习成果。(10分)		
	5. 在研学活动中充分体现自主学习,学习效果好。(10分)		
评价结果	评价结果分为优秀、良好、待努力三个等级,85—100分为优秀,65—84分为良好,65分以下为待努力。		

(撰稿人:史钰芳　吴芳)

奇趣科学：带领孩子们走进奇妙的科学天地

目前，银河路小学科学教研组共有教师4人，其中高级教师1名，教学能手3名，师资队伍优良，结构合理。他们中还有一位老师为郑州市天文爱好者协会会长，为郑州市天文学普及领域带头人之一。银河路小学科学教研组在认真学习《义务教育小学科学课程标准（2017年版）》的基础上，根据学校科学学习实施现状及师资情况，制定了银河路小学科学学科课程建设方案。

第一部分 学科课程哲学

一、学科性质观

近年来，小学科学课程被列为和语文、数学同样重要的基础性课程，科学教育的重要性日益凸显。

小学科学课程具有基础性。学生在学龄早期接受到的科学教育对学生科学素养的形成具有十分重要的作用。通过小学科学课程的学习，学生可以初步了解与自身认知水平相适应的基本科学知识，养成乐学善问的习惯；能够通过科学方法，利用科学知识初步理解身边的自然现象，解决实际生活中简单的科学问题。科学课程的学习为学生今后的学习、生活以及终身发展奠定良好的基础。[①]

小学科学课程具有实践性。小学科学课程把探究活动作为学生的重要学习方式，强调从学生熟悉的日常生活出发，通过学生亲身体验的活动方式，了解科学探究的具体方法和技能，理解基本的科学知识，发现和提出实际生活中的简单科学问题，并尝试用科学知识和技能予以解决，在实践中积累认知世界的经验，培养科学态度，提高与同

---

① 中华人民共和国教育部. 义务教育小学科学课程标准（2017年版）[S]. 北京：北京师范大学出版社，2017. P. 1.

伴交流合作的能力。

小学科学课程具有综合性。小学科学课程强调面向真实世界，引导学生寻找和发现生活中一些现象背后的科学原理，能运用所学的各学科知识和技能去尝试解决或寻找解决问题的方法。解决问题往往需要综合运用多领域的知识和方法，基于此，小学课程强调科学与其他学科的相互渗透，提升学生的综合能力，促进学生的全面发展。

二、学科课程理念

《义务教育小学科学课程标准（2017年版）》指出"小学科学课程倡导以探究式学习为主的多样化学习方式，促进学生主动探究。"[1]小学科学课程对于培养学生的科学探究能力具有重要的价值，课程要面向全体学生，注重学生的个体发展需要，为学生提供更多的学习空间，使他们获得良好的科学教育。

基于学科特性，我们认为，科学主要是培养学生善于观察和质疑的精神及知识、技能等全方面发展的能力。我们坚持引领学生找到自己的兴趣点和恰当的学习方式，注重带领学生冲出课本枯燥的樊笼，让学生接触最朴素的自然，寻找自然深处的奥秘，在充满乐趣与惊奇的实验里完成科学的发现之旅，形成正确的科学观念。基于此，结合学校"让生命绽放光芒"的办学理念，我们提出"奇趣科学"理念。

银河路小学"奇趣科学"课程理念包含以下四重涵义：

一是激发孩子的学习热情。科学课程的普及，让学生拥有良好的学习科学的机会和环境。不同年龄阶段的学生有不同的生理和心理特点，以及不同层次的知识结构和储备。因此，科学课程要针对各学段学生的特点设计相应的课程内容和活动，充分满足每一个学生的学习需求，通过精心设计的课程让学生体验到学习科学的乐趣，提高学生的科学素养。

二是让孩子体验科学课程的趣味性。小学科学的教学要善于把握小学生对周围世界具有强烈好奇心的理特点，围绕生活中的科学现象开展探究活动，通过研学、实验、观测等探究式体验活动，使学生体会到科学的趣味性，激发学生探究科学的愿望，感受到科学的魅力。

---

[1] 中华人民共和国教育部.义务教育小学科学课程标准（2017年版）[S].北京：北京师范大学出版社，2017.P.3.

三是培养孩子的科学思维。小学阶段正是具体思维向抽象逻辑思维过渡的时期，抽象逻辑思维的逐步建立，可以促进小学生智力和思维能力的质变。天文学习活动和生物的观察活动大多数都需要学生亲身体验，无论是观测还是动手制作，都能引导学生细心观察和深入思考，进而培养小学生的科学思维，让小学生在参与、互动的过程中，体验大自然的美、宇宙的奇，感悟人与自然和谐共生的关系。

四是培养孩子的创新意识。科学课程是开启孩子探索未知领域的钥匙，培养学生的创新精神是素质教育的核心。科学课程应鼓励学生多观察、多动脑、多动手、多提问，鼓励学生自己去探究在生活和学习过程中发现的科学问题与科学现象，并寻找答案。帮助学生树立信心，有敢创新、想创新的意识，让学生在现有的知识水平上进行大胆的创新。

"奇趣科学"课程的建设坚持以学生为本，以推动学生全面发展为目的，培养学生大胆创新意识、友善合作的精神。让学生在亲身经历科学探究的过程中，体验和感悟科学的精神与魅力。

第二部分　学科课程目标

《义务教育小学科学课程标准（2017年版）》指出科学课程是培养学生的科学素养，并为他们继续学习和终身发展打下良好的基础。通过科学学习，要使学生对科学保持良好的探究热情、并具有一定的探究能力和实践能力，愿意与他人合作，有保护生物和环境的意识和责任感。

一、学科课程总体目标

根据学校学生实际情况及师资优势，我们制定的课程总目标为：具备扎实的科学基础知识与技能；养成批判质疑的精神和实证意识；具有一定的学科探究能力，养成良好的科学学习习惯。

（一）知识目标

通过科学课程的学习，知道基本的科学概念，学会简单的科学技能；了解天文学在生活中的重要地位与意义；了解生物体的基本知识，知道生物科学在人类生活中产生的重要影响。在学习过程中，能正确地使用望远镜等科学仪器进行实验操作，具备一定的实验探究能力；能通过搜集资料、观察等常用的方法，提升对生物体进行甄辨的能力；能将所学知识与技能应用到生活中，分析、解决实际问题。

（二）能力目标

在科学学习中，通过解决科学学习过程中遇到的一系列预设之外的问题，培养学生随机应变、处理紧急情况的能力；通过细心观察发现生活中的科学问题，提高学生对问题的提取能力；通过分析和解决提取的科学问题，开发学生的逻辑思维和发散思维能力；通过科学实践活动，增强学生与同伴之间的交流，培养学生的合作能力，并能有效地提升学生的社交能力；通过对实验结论的汇报与交流，提升学生对实验结论的分析能力及语言表达能力。

（三）科学态度与情感目标

通过科学探究活动，培养学生认真观察、细致分析、实事求是的科学态度；通过小组分工合作学习，培养学生乐于与他人交流、合作的态度；通过对生物体的观察研究活动，培养学生保护环境、保护自然的意识，增强社会责任感。

（四）思维目标

在科学学习中，培养学生敏锐的思维能力和科学的思维方式。如根据已知的事物发展规律进行推理、概括、演绎；借助生活经验，对无法直接观察到的事物和现象进行抽象、类比、具化。

二、学科课程年段目标

根据学生认知能力的特点，我们将学生分为三个学段：一二年级为低年级段，三四年级为中年级段，五六年级为高年级段。

（一）低年级段目标

1. 通过对实物的细致观察，认识身边的生物，知道其基本特征，会用语言进行简单的描述。对自然现象充满好奇，有探究的意识。

2. 通过聆听教师的讲解和图文资料的学习，简单了解天体坐标系统；初步认识四季星空中的一类星座。

3. 通过聆听教师讲解，认识简单的实验器材，养成主动探究科学原理的意识。

(二) 中年级段目标

1. 通过动手实验，会使用常见的实验器材，能发现、提出生成性的问题并解决。对科学现象有主观判断意识，对科学课程保持严谨的态度。

2. 初步了解天体运行的变化规律及其原理。

3. 通过对生物体的观察，能用日记、表格、图片等形式记录生物体的周期性变化。

(三) 高年级段目标

1. 通过动手操作实验，能对实验数据或现象进行客观的分析。

2. 通过资料查阅等方式深入了解中国古代星座概况；了解以银河系为代表的星系类型的特点；初步认识南半球所见的星座；了解地内行星的运动规律。

3. 能用实验、分析等方法，了解生物体的状态、结构特点；能通过动植物的特点对生物体进行分类。

第三部分　学科课程框架

"奇趣科学"课程包括基础性课程和拓展性学科活动。基础性课程侧重于培养学生的基础学习能力，注重学生对科学文化基础知识和基本技能的掌握，借此让学生获得智力的发展和能力的提升。依据学校的课程理念及学生的学情特点，我们为了拓展学生的科学知识和能力，开阔学生的知识视野，发展学生各种不同的科学综合能力，并能够将其综合能力迁移到其他方面的学习中，我们又开展了丰富的拓展性学科活动。拓展性学科活动注重培养学生科学知识与社会实践相结合的能力，引导学生将学到的科学知识灵活地运用于实际生活中。在学习过程中，培养学生的动手能力，让学生养成勤动脑爱思考的科学习惯，通过学生之间的合作与交流，增进同学之间的感情，提高学生的语言表达能力和社交能力。在课程建设时，我们将二者进行统一规划，建构"奇趣科学"课程群。

一、"奇趣科学"课程结构

《义务教育小学科学课程标准(2017版)》指出小学科学课程的学习内容包含物质

科学、生命科学、地球与宇宙科学、技术与工程四个领域。[①] 其中小学科学课程就是从这四个领域中选择适合小学生学习的 18 个主要概念来学习,其中包含六个物质科学领域的概念,六个生命科学领域的概念,三个地球与宇宙科学领域的概念和三个技术与工程领域的概念。

因此,我们依据《义务教育小学科学课程标准(2017 版)》相关要求,结合科学学科核心素养及本学校学生的特点,以国家课程为基础,通过调查学生感兴趣的领域,开设了"奇趣科学"拓展性课程,包含"小实验大'质'慧"、"多彩生物"、"仰望星空"、"奇思妙'技'"四大类别,且每个年级设有符合本学段学生认知发展水平的相应课程内容。学科课程结构图见图 1。

图 1　学科课程结构图

(一)小实验大"质"慧

科学实验不仅是科学探究过程中不可或缺的方法,亦是科学理论产生、发展和逐步完善的直接基础,是探索自然界奥秘和创造发明的必经之路。小实验大"质"慧课程内容涵盖领域广泛,贴近日常生活;实验的材料简单,随手可得;操作简便,安全可靠,趣味性强。突出了"奇趣科学"课程中的"趣",本课程以学生动手实验为主要途径,让学生在实验中更直观地理解科学知识,让学生在参与的过程中养成科学的思维和研究

---

① 中华人民共和国教育部. 义务教育小学科学课程标准(2017 年版)[S]. 北京:北京师范大学出版社,2017. P.7.

方法,提高他们分析问题、解决问题的能力。

(二) 多彩生物

生命科学是自然科学的基础学科之一,是研究生物的生存和发展规律以及生物与周围环境的关系等方面的科学。多彩生物课程以学习文本资料和实践探究为主要手段,通过观察、实践、研究等方法认识自然界中的各种生物,了解地球上部分生物的特点、生存条件及人类生活、地球变化等对生物体的影响。培养保护自然、热爱生命、增强爱护环境的意识。

(三) 仰望星空

本课程主要采用讲解与实践活动相结合的方式。针对学生现有的天文知识水平,进行基础内容的讲解。随着学生天文学知识水平的提高,逐步将天文观测实践活动引入到课程中,并穿插介绍国内外最新天文资讯,组织开展街头路边天文活动,向家长和市民科普天文知识。以天文知识学习和室外观测为突出点,通过天文观测实践把天文学知识变得富有趣味性,通过操作天文望远镜和绘制天文图提高学生动脑动手的能力,提高学生对天文知识的学习兴趣。

(四) 奇思妙"技"

为了孩子能更好地探索技术领域的奥秘,我们开设了奇思妙"技"课程。引导学生主动参与、动脑动手,通过实践活动的方式来获得科学知识,同时锻炼学生的实践能力,通过对模型的建构,增强学生的空间想象力,促进学生个性发展,培养学生的创新精神和实践能力。

二、学科课程设置

本课程以"小实验大'质'慧"、"奇思妙'技'"、"仰望星空"、"多彩生物"为主要课程内容,以趣味实验、模型制作、天文学习和观测等为主要的学习方式。(见表1)

表1 学科课程设置表

年级	第一学期	第二学期
一、二、三、四、五、六年级	小实验大"质"慧、多彩生物、仰望星空、奇思妙"技"	小实验大"质"慧、多彩生物、仰望星空、奇思妙"技"

三、"奇趣科学"年级段课程具体设置(见表2)

表2 "奇趣科学"年级段课程具体设置表

年级		课程类别			
		小实验大"质"慧	多彩生物	仰望星空	奇思妙"技"
一年级	上学期	嗅觉与"味道"	参观动物园	天上的"众神"	豆子作画
	下学期	带电的报纸	参观植物园	"星星"知多少	我的植物"宠物"
二年级	上学期	探索秋天	观察生活中植物的种子	国际通用星座初识	我的游乐园
	下学期	探索春天	观察生活中植物的叶子和花	伽利略的发现	不塌的纸桥
三年级	上学期	颜色变变变	制作昆虫标本	月亮的脸在"变"	纸飞机飞起来
	下学期	盐消失了	我的种子标本(一)	地球是个"大陀螺"	玩转七巧板
四年级	上学期	净化水	参观动物标本馆	探秘行星世界	气球车跑起来
	下学期	杠杆的力量	我的种子标本(二)	太阳系里的"小字辈"	创意模型组合
五年级	上学期	自制游乐器材	郑州市科技馆——生命的旅程	一起读"天书"	我的计时器
	下学期	河水里的"小精灵"	"微"世界	神奇恒星之国	变废为宝
六年级	上学期	让生活充满阳光	植物的生长奥秘	星星的"朋友圈"	巧解环扣
	下学期	生活"大爆炸"	鱼类的生长奥秘	中国古代星座总述	九连环

综上,学校的科学课程以基础性课程为主,拓展性学科活动为辅,二者相辅相成,共同为学生创造良好的科学学习条件。

第四部分 学科课程实施

"奇趣科学"课程旨在帮助学生在掌握科学知识的基础上,激发学生探究世界、学习科学的兴趣;养成敢于质疑的习惯,并在质疑的基础上主动探究、分析,用已有的知识和能力寻找解决问题的途径,培养科学思维,全面提升学生的科学素养。

我们通过"奇趣课堂"文化建设,设置丰富有趣的课程内容,扎实开展课堂教学和学科活动,运用多种教学方法设置情境,在学生已有知识和教材内容的基础上,设计有探究价值的问题,帮助学生在问题情境中产生疑问,激发解决问题的兴趣和欲望,在情境中培养科学思维及科学精神,使孩子们体验学习的快乐。

因此,"奇趣科学"课程将从创设"奇趣课堂"、建设"奇趣社团"、创设"奇趣科技节"、建立"奇趣实验室"等方面进行实施。

一、建构"奇趣课堂",有效实施学科课程

"奇趣课堂"是在学校"星智课堂"下建构的更具科学学科本身特征的课堂。落实"奇趣科学"课程的关键在课堂,课堂是老师教学相长的主阵地,是学生汲取营养的沃土。在课堂上,通过教师朴实真挚生动的语言,让每颗"星星"都像科学家那样学习和研究科学,让学生学习简单、基础的科学知识;让学生学习有意义、有深度的课程。以简单的语言、丰富的内容引导学生积极主动地学习;通过趣味实验、动手实践,让学生发现学习生活中的奇妙又有趣的科学。

(一)"奇趣课堂"的特征

奇趣课堂是"以生为本、奇妙有趣、重视探究、活泼灵动"的课堂。

以生为本。在奇趣课堂上,教师充分尊重学生的主体地位,在科学核心素养目标的引领下,引导学生自主学习、协作探究、主动发展。在课堂活动中,教师是引导者、参与者、合作者,引导学生凭借已有的知识经验用自己的方法探究未知的科学世界,在这样的课堂里,每一个学生的发展需求都能得到关照。

奇妙有趣。结合小学生的特点,我们关注学生的认知发展水平和已有的科学知识经验基础,"奇趣科学"给学生打开的是一个特别的科学世界。这个世界,有神奇的宇宙空间,我们将带领学生领略充满神秘的星球和星河;这个世界,也有充满趣味的动植物乐园,我们将和学生一起走进多彩的生物圈,感受大自然中各种有趣的生命。

重视探究。在奇趣课程中,科学探究是重要的学习方式。在课程实施过程中,教师要引导学生主动探究,亲身体验科学探究的过程。最大程度地保护学生的好奇心,激发学生的学习兴趣,帮助学生在探究中理解并掌握知识,提高实践动手能力,培养他们的科学思维。

活泼灵动。奇趣科学课程要求教师积极创设有利于学生个性发展的学习环境,鼓励大胆质疑、创新求异,尊重学生独特的奇思妙想。关注学生独立研究、独立分析、主动合作能力的培养,让学生在自主探索、动手实践和合作交流中提升能力,从学会、会学到乐学。

(二)"奇趣课堂"的评价要求

我们采用过程性评价和综合性评价相结合的多重评价方式,帮助学生树立自信,使学生在学习过程中发现自己的闪光点和获得的进步。通过课堂评价,加深教师对"奇趣课堂"理念的了解,不断改进教学策略及学生的学习方式;形成独特的课堂文化,不断丰富总结经验,夯实基础,实现高效教学。

"奇趣课堂"是学校"星智课堂"的组成部分,是充满神奇、趣味的课堂,是让每个生命尽情舒展、自由探索的课堂。教师激发学生学习的内在动力,把学习主动权还给学生,把发展的空间留给学生,让每一个生命自由成长,星光熠熠。

我们根据"奇趣科学"课程特点,设置了具有学科特色的评价量表(见表3)。

表3 "奇趣课堂"评价量表

评价项目	评 价 标 准
教学目标 (20分)	1. 紧紧围绕新课程标准要求,目标设定切合学生实际,包含对学生科学基础知识、关键能力、必备品格的培养和要求。 2. 根据学生实际设计分层目标,帮助每一个学生在课堂上都能有所收获。
教学设计 (20分)	1. 教学设计主线清晰,层次分明,结构合理严谨。 2. 学习中重、难点突出,重视学生的学习发展,内容设置符合学生特点,环节紧凑。 3. 立足学科素养,创造性使用教材与其他课程资源,紧密结合学生的生活实际。 4. 增加学习活动的趣味性,突出科学学科"奇妙"的特性,激发学生的好奇心和求知欲。
学习活动 (30分)	**教师的教** 1. 主线清晰,层次分明,结构合理,环节紧凑。 2. 目标清晰,重、难点突出。 3. 教学方法多样,重视实践探究。 4. 关注课堂生成,在恰当的时机适当拓展延伸,促进学生发展。 5. 问题明确,有指导性,善于追问、点拨,培养科学思维。 6. 具有教学机智,思维活跃,善于把控课堂。 7. 科学实验操作严谨,讲解清晰。 **学生的学** 1. 课前准备充分。 2. 主动参与课堂学习,有浓厚的学习兴趣。 3. 认真倾听,尊重他人的看法及观点并积极思考内化。 4. 独立思考,敢于质疑,自信发表个人观点。 5. 积极主动,具有探究意识,善于与同伴合作完成任务。 6. 认真观察,实验操作规范严谨。 7. 学以致用,将兴趣与学习活动延伸至课外。

(续表)

评价项目	评价标准
课堂效果 (20分)	1. 达成多层次教学目标。 2. 学生积极主动参与课堂,学习气氛浓厚。 3. 师生互动明显有效,教学相长。 4. 突出探究实践,学生在自主探究中理解知识、提高能力。 5. 课堂组织有序,效果良好。
课堂文化 (10分)	1. 面向全体学生,平等交流;教师能发挥个人优势,促进课堂教学的开展,课堂气氛和谐。 2. 体现科学学科核心价值,促进学生质疑意识、探究意识、实证意识等科学素养的形成。 3. 学生自主探究,积极合作,分工合理,互帮互助。

二、成立"奇趣社团",培养"小小科学家"

天文课程是学校"奇趣科学"课程的重要组成部分,我们成立了"仰望星空"社团,将天文课程与多学科课程的内容进行有机整合,激发学生的学习兴趣。

(一)"奇趣社团"的主要活动

为了全面贯彻实施素质教育,培养学生爱科学、学科学的精神,提升学生的天文知识和天文实践观测能力,同时也是应喜欢探索宇宙的同学们的要求,2018年10月学校开设了"银河星"奇趣天文社团。

小组成员在教师的指导下根据不同的学习内容进行讨论,学习,并逐渐独立制定具体可行的、有效的活动实施方案,如天文科技体验活动、路边天文大型公益观测宣讲、室外观测、模型制作、手绘星图。随着学生对天文知识的不断积累和提高,实践观测活动被引入课程活动中,达到知行合一。除在本校进行授课外,奇趣天文社还拟联合市内拥有天文观测台的中小学和郑州市天文爱好者协会等学校机构和民间组织,结合特殊天象进行实际观测,让学生走出教室,培养学生的实践创新能力。

奇趣天文社的活动主要可以分为以下几个方面:

(1)校内常规活动。

活动分为理论学习和实践观测两方面,每周交替进行。理论学习时间为全体社员的固定学习时间,课堂上向学生普及天文学知识,有时也进行问题讨论等。本学期主要进行的学习有:天文望远镜的认识及使用、认识了解恒星、行星及其演化阶段、知道彗星与流星和陨石的区别、了解秋季和冬季星座的变化等。实践观测因直接受天气影响,故观测时间不固定,只要天气状况允许,社团都将组织学生在校内进行观测活动并同时进行天文望远镜的有关知识和实际操作讲解。

(2) 校外观测活动。

天文观测是人与宇宙的交流,此为天文学最吸引人之处。在晴朗的夜空下架起望远镜观测的同时和别人交流经验的乐趣是无法用言语来表达的。每当学生准确地将某个天体锁定在视野中时,都会感到无与伦比的震撼和快乐。

对于一些重大并适于组织和普及的天文现象,我们都会结合实际情况,与市天文爱好者协会结合,组织学生进行科普观测公益活动,这样我们在普及的同时,自身也得到了提高。例如2018年10月份,适逢太阳表面活动异常活跃,我们在学校操场组织学生进行了太阳黑子观测;社团对2018年年底出现的46P彗星,日偏食等天象都进行了相应的观测和要点介绍。

(二)"奇趣社团"的评价要求

评价不仅是促进课程完善的主要途径,也是引导学生学习的重要环节,有效的评价能够给学生反馈活动的效果,也能为学生后期的学习和活动指明方向。"奇趣社团"学习活动实行多元评价方式,着重关注学生自主探究、积极合作的意识,在帮助学生掌握相关知识的同时,引导学生重视体验探究的过程,提高学生发现问题、解决问题的能力,掌握研究问题的方法。具体评价内容包括:活动参与程度、知识掌握程度、探究表现以及学习态度等。

表4 "奇趣社团"评价方案表

评价活动/ 成绩评定	1. 评价指标 (1) 成长资料袋: 内容丰富,图文并茂,能真实地反映出自己在科学小组中的各种活动记录及收获。 (2) 活动评价: 探究过程中能独立思考,敢于大胆质疑; 乐于和同学、老师互动,有条理地表达自己的观点; 懂得倾听,无影响课堂秩序的行为; (3) 活动记录: 能熟练、规范、有效地完成指定观测内容。 能对观测现象、数据重视,并认真客观地进行记录。 2. 评价方式 本学期评价包括过程性评价和结果性评价,其中过程性评价占60%,结果性评价占40%,以等级制呈现。 过程性评价60分=课堂评价10分+观察活动30分+作业评价20分。

(续表)

评价活动/成绩评定	期末测试40分 附评价表				
	综合分数	85—100分	70—84分	60—69分	60分以下
	评价等级	A	B	C	D
备注	评价方案根据活动的开展可适时地进行调整				

表5 "奇趣社团"活动过程评价量表

内容	评价指标		等级			
			A	B	C	D
教师对学生的评价	活动参与	1. 主动参与(3分)				
		2. 参与活动有良好的学习效果(4分)				
	知识掌握	能掌握活动中的基础知识(10分)				
	探究表现	1. 敢于质疑、发表个人见解(5分)				
		2. 有独立、创新、质疑的探究思维(5分)				
		3. 积极动手实践、自主合作探索(10分)				
	情感态度	1. 对天文充满学习兴趣和求知欲(3分)				
		2. 形成并保持良好的学习习惯(5分)				
学生相互评价	活动参与	发言次数,举手次数,合作态度(2分)				
	收获	作业情况(3分)				
		相互提问(3分)				
综合评价	书面作业(2分)					
	学习兴趣与态度(2分)					
	实践探究(3分)					

根据学生参与活动的表现情况,评价分别为A、B、C、D四个等级(A表示优秀,B表示良好,C表示合格,D表示待努力),综合评价依据各分项结果评价为A、B、C、D。

三、创设"奇趣科技节",展现科学的无限魅力

为提高学生的科学素养和实践能力,激发全校师生爱科学、讲科学、用科学的热情,促进学校学生科学素养的全面提高,设立本校"奇趣科技节"活动。

(一)"奇趣科技节"的活动安排

1. "创新科技"作品征集活动

(1)"探索科学瞬间"摄影比赛

在全校征集展现学生崇尚科学,进行科学研究、实验探究、小制作活动等文明生活精神风貌的摄影作品,以各班为单位进行评选并选送优秀作品(数量不限)参与学校评比。(作品必须标明作品名称、作者姓名和班级)

(2)科幻画创作

在全校开展以"绿色、探索、创新"为主题的少年儿童科学幻想绘画活动,以各班为单位选送3—7幅作品参加校评比(作品应标明科幻画的名称、作品简介、作者姓名和班级)

2. "校园新设想"现场电脑科技制作比赛

时间地点:现场比赛在计算机房举行,时间为1个小时。

参赛选手:4—6年级均可派选手参加。

参赛要求:学生不带任何文具用品、资料,现场提供网络环境、应用软件、部分相关素材。以设计"校园"为主题,学生独立进行设计、组稿、排版编辑,以＊.bmp格式保存在要求的目录下。

应用软件:比赛电脑装有windows98、word、金山画王等软件。若个别选手要求使用其他更多软件,请在赛前10天提供软件光盘,由学校网络中心统一安装。

(二)"奇趣科技节"的评价要求

设立班级集体奖和学生个人奖。各种活动设立特等奖1名,一等奖3名,二等奖6名,三等奖12名,并在此基础上评选出银河路小学"科技金星"、"科技银星"、"科技新星"各1名。

四、建设"奇趣实验室",让孩子探索物质奥秘

为了进一步加强小学科学课的实验教学,激发广大小学生热爱科学的思想感情和开展实验探究的兴趣,不断提高他们的实验探究能力,设立了"奇趣实验室"活动。

(一)"奇趣实验室"活动安排

1. 单周一、三、五年级学生走进科学实验室,进行科学实验。双周二、四、六年级学生走进科学实验室,进行科学实验。实验内容为两周内"小实验大'质'慧"所学习的实验内容。

2. 根据科学课堂学习的实验内容。定期举行实验操作比赛,对学生的操作规范性进行评比。

(二)"奇趣实验室"评价要求表(表3)

评价活动/成绩评定	1. 评价指标 (1)科学实验操作规范,正确使用科学实验器材,实验步骤准确,实验结束后按要求整理实验台。 (2)活动评价: 实验过程独立完成或小组合作; 能完整表述出自己的实验结果; 懂得倾听,无影响课堂秩序的行为。 (3)活动记录: 能熟练、规范、有效地完成指定实验内容; 能对实验现象、数据重视,并认真客观地进行记录。 2. 评价方式 评价包括过程性评价和结果性评价,其中过程性评价占60%,结果性评价占40%,以等级制呈现。 过程性评价60分=课堂评价10分+观察活动30分+作业评价20分。 期末测试40分 **附评价表** | 综合分数	85—100分	70—84分	60—69分	60分以下 | |---|---|---|---|---| | 评价等级 | A | B | C | D |
备注	评价方案根据活动的开展可适时的进行调整

根据学生参与活动的表现情况,评价分别为 A、B、C、D 四个等级(A 表示优秀,B 表示良好,C 表示合格,D 表示待努力),综合评价依据各分项结果评价为 A、B、C、D。

(撰稿人:王琼　王琳　申语　魏冰　翟彦军)

第二章

在明理中生长思维

　　读书为明理,明理在启智。科学思维就是用科学的方法进行思维,是建立在事实和逻辑基础上的理性思考。儿童知识的丰富与思维的发展相辅相成,掌握知识能有效促进思维发展,促进心智、技能提升。科学教育引领儿童在求知的基础上明晰科学原理,建构科学知识体系,以此促进儿童思维的生长,为儿童的进阶学习奠定基础。

童真科学：让儿童的学习与科学真实相遇

郑州市金水区纬五路第二小学科学教研组目前有专职教师4人，他们平均年龄30岁，其中1人拥有研究生学历，3人拥有本科学历，2人具备科学教育专业背景，2人从事科学教学超10年，3人参与市、区学科中心组。郑州市金水区纬五路第二小学科学教研组是一支教学理论扎实、教学经验丰富，善于学习、踏实肯干的队伍。教研组以新时代教育发展对科学教学的关注为契机，深化课堂改革，关注学生学情，在研究教材教法方面，取得了显著成绩：2次获得全国优质课一等奖，4次获得河南省优质课一等奖，7次获得郑州市优质课一等奖。另外该教研组讲授各级观摩课、示范课十余次，所主导的课题研究项目曾荣获河南省基础教育成果一等奖、河南省课题结项，他们目前还承担着郑州市重点课题项目的研究任务。

第一部分　学科课程哲学

一、学科性质

《义务教育小学科学课程标准（2017年版）》（后面皆简称《课程标准》）指出：小学科学是一门基础性课程、实践性课程、综合性课程。"童真科学"课程承袭了科学课程的基础性、实践性、综合性等学科性质。[①]

（一）基础性

"童真科学"作为小学阶段的一门培养学生科学素养的课程，其基础性主要体现在学生将通过"童真科学"课程的学习，掌握基本的科学知识，培养观察、比较、分析等科学思维能力，理解身边的科学现象并解决生活中的一些实际问题，为日后的科学学习、

[①] 中华人民共和国教育部. 义务教育小学科学课程标准（2017年版）[S]. 北京：北京师范大学出版社，2017. P.1—2

日常生活乃至终身发展打好坚实基础。

（二）实践性

科学探究是学生学习科学的重要方式。"童真科学"课程重视学生亲身经历实践探究活动，强调学生在实践中体验和积累认知世界的经验，在实践中强化学习能力，塑造良好的科学态度，此为"童真科学"课程实践性的具体表现。

（三）综合性

"童真科学"课程的综合性体现在课程注重与语文、数学、体育、艺术、综合实践等课程进行相互渗透，从而促进学生的全面发展；同时强调小学科学四个领域知识之间的相互渗透和相互联系，注重认识自然与解决问题的结合，以此强化学生的综合能力。

二、学科课程理念

著名教育家杜威曾说过"儿童是起点，是中心，而且是目的。儿童的发展，儿童的生长，就是理想所在。"基于以上学科性质观的认识，我们将"童真科学"课程理念确立为"让儿童的学习与科学真实相遇"，强调要在基于儿童认知的真实活动和学习情境中，保持和发展儿童对科学的热爱，帮助儿童掌握必要的科学知识和技能，发展智力，让儿童的科学学习真实相遇、自然发生。

"童真科学"是基于儿童的学科。《课程标准》中指出"学生是学习与发展的主体，小学生对周围世界具有强烈的好奇心和求知欲是推动学生科学学习的内在动力，对其终身发展具有重要的作用。"[1]因此"童真科学"强调要基于儿童的认知基础、能力基础来设计课程的学习方法和学习内容，基于儿童的兴趣选择课程的组织形式和活动方式，关注儿童科学学科核心素养的形成、发展与提升，促进儿童的全面发展。

"童真科学"是根植情境的学科。"探究——研讨"教学法的创始人兰本达教授认为，教学可以看成是提供特定的情境来培养儿童的一种措施。"童真科学"学习同样如此，它源于生活，又归于生活。强调儿童要在符合其认知思维的生活情境、任务和问题中学习科学，借助具体的生活现象、物品等作为思维活动的支撑，引发儿童共鸣，促进

---

[1] 中华人民共和国教育部. 义务教育小学科学课程标准（2017年版）[S]. 北京：北京师范大学出版社，2017. P. 4

科学学科核心素养的形成。

"童真科学"是注重探究的学科。《课程标准》中指出"科学探究是人们探索和了解自然、获得科学知识的重要方法,探究式学习是学生学习科学的重要方式。"[①]基于此,"童真科学"鼓励儿童手脑并重,强调让儿童在教师的指导与支持下,主动参与、动手做、做中思,以积极的情感经历科学探究的过程,以科学的方法获取有用的知识,掌握科学技能、科学思维的方法,最终达成提升科学素养的目标。

"童真科学"是崇尚求真的学科。"童真科学"的学习要符合小学科学课程标准中提倡的"以证据为基础,运用各种信息分析和逻辑推理得出结论,公开研究结果,接受质疑,不断更新和深入"[②]的科学研究过程及方法的一般规律,强调培养儿童学会获得证据的方法以及利用证据进行交流论证的科学素养,重在遵循科学学科本身的价值体系,培养儿童的科学求真精神,体现科学课程的求真本质。

第二部分 学科课程目标

学科课程目标既是科学学科教学的起点,也是科学学科教学的前进方向。学科课程目标的设计要立足儿童发展需要,关注儿童学习需求。"童真科学"课程目标设计如下:

一、"童真科学"课程总体目标

《课程标准》中明确指出:"小学科学课程要按照立德树人的要求培养小学生的科学素养。"同时也对科学素养的内涵进行了解读,"科学素养是指了解必要的科学技术知识及其对社会与个人的影响,知道基本的科学方法,认识科学本质,树立科学思想,崇尚科学精神,并具备一定的运用它们处理实际问题、参与公共事务的

---

① 中华人民共和国教育部. 义务教育小学科学课程标准(2017年版)[S]. 北京:北京师范大学出版社,2017. P.3

② 中华人民共和国教育部. 义务教育小学科学课程标准(2017年版)[S]. 北京:北京师范大学出版社,2017. P.3

能力。"①

基于上述要求,我们从学科知识、学科能力、学科精神三个维度制定了"童真科学"课程总目标。

(一) 基于认知、四域核心的学科知识

《课程标准》中将科学学科知识分解成物质科学、生命科学、地球与宇宙科学、技术与工程四个领域。在"童真科学"课程学习中,要基于不同年龄段学生思维发展的特点和科学学习特点,帮助学生从观念的高度来学习科学知识,使他们了解与认知水平相适应的科学知识,理解与他们生活相关的事件和现象,认识并了解有关自然界中的物体、现象、物质以及它们的关系,实现一个趋向于学科核心概念的进展过程。

(二) 基于运用、多维综合的学科能力

学生的思维能力、交流合作能力、创新能力是科学素养最核心的成分,突出思维、交流、创新,是落实"立德树人"目标的基本需要。"童真科学"重视知识在真实情境中的运用,强调探究与思维的融合,要在做中学,更要在学中思。

(三) 实证质疑、益趣乐享的学科精神

培养小学生的科学精神,不仅能助其养成科学的认知方法和思维方法,提高其思维的批判性和严谨性,更重要的是帮其奠定科学的世界观基础,使其能自我塑造以科学精神为核心的现代人格。

通过"童真科学"的学习,要使儿童乐于参加科学活动,能主动思维,主动与他人合作、交流和讨论;具有基于证据、推理发表自己见解的意识,不从众、敢质疑,不轻易相信权威、实事求是,勇于修正与完善自己不太完善的观点;不急躁、能理性分析原因,在尊重证据的前提下,坚持正确观点不动摇;善于从不同角度思考问题,追求创新,逐渐学会用全面的、发展的眼光看问题,提升科学品质。

二、"童真科学"课程学段目标

为了实现"童真科学"的课程总目标,我们将其进一步分解、细化,具体为低、中、高不同学段的课程目标表(见表1)。

---

① 中华人民共和国教育部. 义务教育小学科学课程标准(2017年版)[S].北京:北京师范大学出版社,2017. P.1

科学学科课程群

表1 "童真科学"课程学段目标表

学段 \ 目标领域	学科知识	学科能力	学科精神
低年级 1—2年级	知道生物体的生命活动和主要特征；能描述一些常见物体的基本特征；认识一些简单的自然现象；能利用工具完成一些简单的任务。	能在教师的指导下，初步运用分析、综合、比较、分类等思维方法开展科学观察和阅读活动。	乐于在活动中倾听、分享和表达，能在活动中享受到学科学、用科学的乐趣；知道科学家工作的重要意义，养成用事实说话的意识。
中年级 3—4年级	知道动植物的主要结构及其生命周期；了解物体的特征、物质的变化、材料的性能、不同形式的能量；初步了解地球概况；意识到使用工具可以更加精确、便利。	能运用抽象、概括、推理、类比等思维方法开展科学观察、实验、阅读和表演等活动。	乐于在活动中倾听、分享和表达，能在活动中贡献自己的力量，体会到创新的乐趣；意识到科学家与工程师的工作区别，养成用事实说话的意识。
高年级 5—6年级	认识人体和健康；了解常见的物质变化；知道地球是人类应当珍惜的家园；能基于所学知识，利用现有技术解决日常生活中的问题。	善于从不同视角提出研究思路，能综合运用各种科学的思维方法开展科学实践活动，发展自我学习能力、创新能力。	坚定民族自信心，树立为科技发展、社会和谐而努力的正确价值取向；能综合考虑各方观点，养成以事实为依据作判断的习惯。

第三部分 学科课程框架

在国家课程的基础上，依据学校的"暖记忆课程"体系，基于学生心理发展特点、教师兴趣特长、社区资源等现状，我校按照科学核心素养要求的维度延伸、拓展开发了一系列课程，形成"童真科学"学科课程群，旨在培养学生的科学素养，同时满足学生个性化学习需求，为他们的继续学习和终身发展打下良好基础。

一、"童真科学"课程结构

除实施小学科学国家课程外，"童真科学"课程群从"生命科学"、"物质科学"、"地球与宇宙"、"技术与工程"四大科学学习领域出发，对应设置了"生生不息"、"格物致知"、"别有天地"、"技高一筹"四个版块,为学生科学素养的建构提供全面、丰富的课程资源。具体课程结构图如下图(见图1)。

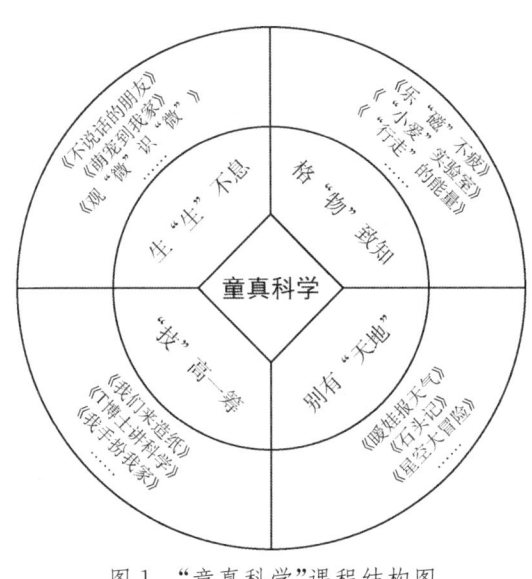

图1 "童真科学"课程结构图

具体表述如下:

生"生"不息——内容主要为生命科学领域。通过对动物、植物、微生物的观察,以及通过一些中长期的种植、养殖等活动,学习了解我国特有的动植物资源,掌握一些观察、比较、记录等方法,激发学生认识自然、了解自然的兴趣,丰厚学生热爱大自然的情感。

格"物"致知——内容主要为物质科学领域。以实验探究为主要学习方式,引领学生了解常见物质的变化,知道不同能量之间的转换,增强学生探究物质世界的好奇心,使学生感受到物质科学对促进社会进步、提高生活质量的重要意义,帮助学生养成乐于观察、注重事实、勇于探索的科学品质。

别有"天地"——内容主要为地球宇宙科学领域。通过对月相、影子、星空、气象、土壤、岩石等现象或物体的观察,激发学生对地球和宇宙的求知欲,发展空间想象、模型思维、逻辑推理等能力,初步建立科学的宇宙观和自然观。

"技"高一筹——内容主要为技术工程领域。通过对身边工具、物品的观察比较等活动,引导学生综合运用所学知识和能力,进行产品的设计、制造或改进,提高学生解决实际问题的能力,对学生的创新思维和创造力进行培养和发展。

二、"童真科学"课程设置

依据"童真科学"课程结构以及不同年龄段学生成长的需要和认知规律,我校从一年级到六年级,分十二个学期设置"童真科学"课程。具体课程设置如下表(见表2)。

表2 "童真科学"课程设置表

年级\课程	生"生"不息	格"物"致知	别有"天地"	"技"高一筹
一上	不说话的朋友	暖娃看世界	暖娃学"导航"	巧用废品
一下	探秘动物园	暖娃看世界	月亮的脸	巧用废品
二上	巧认植物	乐"磁"不疲	暖娃报天气	玩偶游乐场
二下	巧认动物	乐"磁"不疲	暖娃报天气	我们来造纸
三上	珍稀植物	"小爱"实验室	暖娃气象站	"走马"观花
三下	珍稀动物	"小爱"实验室	泥巴里的学问	小电器大梦想
四上	萌宠到我家	力理	石头记	T博士讲科学
四下	"摩尔根"行动	力理	影子的秘密	T博士讲科学
五上	我们的身体	"行走"的能量	地心历险记	我手扮我家
五下	动物家谱	"行走"的能量	浮光掠影	暖娃炫技
六上	观"微"识"微"	变来变去	星空大冒险	小小机械师
六下	基因密码	变来变去	星空大冒险	小小机械师

第四部分 学科课程实施

为彰显"让儿童的学习与科学真实相遇"这一学科理念,我校的"童真科学"课程主要从构建"童真课堂"、建设"童趣社团"、组织"童乐研究"、打造"童妙科博会"、开展"童蒙研学"等五个方面实施。

一、构建"童真课堂",筑学科课程之基

课堂是课程实施的主要渠道,课堂教学质量是提高课程实施质量的关键,"童真科学"课程实施的核心在于"童真课堂"。

(一)"童真课堂"实施策略

"童真课堂"的主要任务是探索在"童真科学"学科理念指导下的课堂教学基本模式和核心要素,建构"童真课堂"教学模型,同时以该模型指导教师进行"物质科学、生命科学、地球与宇宙科学、技术与工程"四个领域的教学研究实践,以实践经验修正"童真课堂"教学模型,最终引导教师从学科教学走向学科教育。

科学教研组以具体课例为载体实施建构了"明确任务——明晰观点——取证推理——有效交流——能力提升"五步走的课堂实施模型。具体而言,先从儿童已有的知识和生活经验出发,以有趣新颖的方式营造与儿童心灵相通的情境,引导儿童提出问题,明确学习任务;然后通过多种方式调动儿童已有的经验,助其明晰观点,围绕已提出和聚焦的问题设计研究方案;再指导学生利用观察、实验等多种方式,收集和分析信息,获取证据,进行基于证据的逻辑推理;接着组织学生对得出的观点和认知进行基于证据的合理质疑和有效交流,达成学习共识;最后进一步深化主题,举一反三,扩展思维的深度,广度,多角度思考问题,完成概念建构和能力提升,让儿童充分体验科学学习过程的乐趣。

"童真课堂"的实施主要通过课堂观察、课堂评价、课例研讨、课题研究等活动进行。

1. 课堂观察,聚焦核心问题

基于"童真科学"的学科价值理念,对低中高不同学段不同梯级教师的科学课堂,从学习目标、活动设计、学习过程、学习效果等不同的维度进行课堂观察,汇总相关数据,梳理课堂教学中与"童真科学"学科价值观不一致的问题,例如科学课堂操作是否一定要先动脑再动手,活动材料的选择是否就一定要追求严谨等等,并分析问题存在的原因,明晰改进的方向,为基于问题改进的课题研究提供具体参考。

2. 课堂评价,用评价导航,规范教学行为

首先,组织校内学科领导和相关教师依据学校"智暖课堂"评价标准,制定符合学科文化的"童真课堂"评价标准,并通过专题培训、心得分享等形式不断强化,使"学习

目标源于育童、活动设计突显童趣、学习过程追求真知、学习效果归于童智"等评价标准成为全体科学教师课堂教学的理论共识与行动纲领。

其次,依据评价标准,引导任课教师抓好课堂实施的具体环节。例如目标设定要准确把握课程标准对小学科学各学段教学的基本要求;资源选择要深入挖掘不同版本间学习内容的共性与特色,探索并设计出符合我校"童真课堂"特色的课程内容——源于童趣,归于童智;活动指导要充分利用学情前测、后测等方式,明晰学生的学习基础与需求(认知能力、知识基础、言谈举止、行为表现、情绪情感等),在此基础之上,对学生展开有针对性的指导等。

最后,鼓励并号召各任课教师通过"我想对您说"等活动搜集并整理学生对课堂、对教师的评价信息,促进教师从学生的层面发现课堂实施中的问题,寻找改进方法,修正教学设计,规范教学行为。

3. 课例研讨,践行学科理念

学校常态化开展组内不同年龄段、不同梯级的科学研讨课活动。采取约课、同课异构等方式,鼓励各课程教师执教品质课,并从中选取优秀课例参与上一级赛课活动,以研促教,以赛促学,践行学科价值理念。

4. 课题研究,提升教学品质

构建"童真课堂"的一条很重要的策略便是加强专项课题引领,引导教师从教学中的具体问题入手进行小课题研究,通过对一个问题的持续关注与实践反思,形成有效的课堂教学策略,从而促进"童真课堂"向纵深发展,提升学科教学品质。

目前,科学学科已进行了多项小课题研究,如"'说'在科学课堂"、"巧提问、促思维"、"小学科学课中材料使用之我见"等课题。自2016年至今,我校科学学科教师参与的课题已获得河南省基础教育成果一等奖1项,省教育厅顺利结项1项,还有1个郑州市重点课题项目正在进行。

(二)"童真课堂"的评价标准

为了解学生在学习过程中的表现及其存在的问题,全面评估学生学业质量和水平,加强教师对"童真课堂"的理解,丰富教师课程经验,促进教师专业发展,我们以"童真科学"理念为核心,采用多维多元的方式进行课堂评价。

一是由学科领导组织学科教师进行随机教研,听课教师填写评价量表(具体评价量表见表3),利用每周二下午的集中教研时间和授课教师进行互动性评价。二是结合学校每学期开展的家长、学生评选"最美教师"活动,以问卷和访谈的形式对教师课堂教学情况做出整体性评价。三是由教师依据学科文化,从"成功的经验、存在的问题、取得的成绩"等方面对本学期的科学教学工作进行反思和总结,以撰写"学期教学总结"的方式进行自我评价。

表3 "童真科学"课堂教学评价量表

班级			授课时间		授课地点		分值	得分
执教者		课题						
评价维度	学习目标源于育童	依据最新版《小学科学课程标准》,结合教材和学生实际,确定难易适度、具体明确,有层次、可操作、可检测的学习目标,符合科学核心知识、关键能力、科学思维和科学品质的培养要求。					10	
	活动设计突显童趣	基于儿童的实际设计学习过程,设计思路清晰、结构合理、富有创意,突显"童真科学"的特点。					15	
	学习过程追求真知	A教师 1. 问题情境真实、贴近生活,教学思路清晰、安排合理,突出重难点的指导。 2. 面向全体学生,关注学生的差异。 3. 能够及时进行评价和反馈,灵活调整教学方案,课堂生动精彩。 4. 关注交流论证和科学思维的发展,较好体现学科价值。 5. 教学方法运用恰当,教学资源运用合理、有效。 6. 具备必要的科学素养。					25	
		B学生 1. 参与主动积极,具有探究意识,求知欲强。 2. 会根据学习目标,运用感官及恰当的工具进行探究活动。 3. 会利用证据和适当的手段进行交流,有见解,敢质疑。 4. 能独立思考,思维活跃,会对自己的学习进行总结、反思和修正。 5. 善于合作、尊重别人,呈现出良好的学习习惯。					25	
	学习效果归于童智	1. 能够达成学习目标,多数学生能完成科学学习任务,每个学生都有自身的收获。 2. 学生能完成探究活动,思维活跃,有见解,敢质疑。 3. 良好的师生、生生互动等充分体现,科学学科关键能力和学科品质基本得到落实。					25	
评课意见								
总评					评价人:			
备注:总评以等级制呈现,总分90分及以上为优秀等级,80—89分为良好等级,70—79分为合格等级,70分以下为待努力等级。								

二、建设"童趣社团",展学科课程之翼

依据我校"暖记忆"课程体系,构建"灵暖社团"的文化精神,"童真科学"课程在四到六年级建设"科学社团",为学生提供展示个性的活动平台,将科学思想、科学知识、科学方法等学习内容充盈在各个富有童趣的社团之中。

我校现设有多个科学社团,如T博士讲科学、鸟瞰世界、人工智能、小小科学家、玩转魔方等,学生可以根据自己的兴趣进行选择。社团实行多种评价方式,着重关注学生探究、交流、论证等过程,让学生学会合作、倾听、分享,使同学们更加热爱科学,全面提高自己的科学素养。

(一)"童趣社团"实施策略

"童趣社团"主要从开发资源设计活动、寻求支持搭建平台、多元管理提升品质三个方面来实施。

1. 充分开发资源,设计社团活动

充分利用我校校园植物角、校园创客中心、实验室等资源优势,为学生开展科学社团活动提供多样选择,满足不同社团开展探究活动的需求。例如学校耗资240余万专门修建的校园创客中心以及相关场地和教室,就是人工智能、鸟瞰世界、T博士讲科学、小小科学家等社团定期开展活动的重要场所。我校课程开发小组还与郑州市科技馆联合,购买了专业的社团指导服务,为促进学生在科学社团活动中主动地、富有个性地学习和社团课程的高效有序实施提供了高质量的师资保障。

2. 寻求多方支持,搭建展示平台

学校领导、老师、家长和社会的理解和支持,是社团课程开发与实施的基础。我校定期召开社区联席会议,主动向社区汇报学科活动情况,以寻求多方支持,努力为学生创造更好的探究活动条件。同时通过优化整合各项科学活动,为学生搭建丰富多样的展示平台,提供展示、表现、交流的机会,以培养学生的创新思维,发展创新能力,体验科学的魅力,激励学生更多、更好地参与到科学社团活动中来。如结合我校"童妙科博会",安排科学社团的成果汇报展示;利用学校微信公众号宣传展示T博士讲科学、鸟瞰世界、人工智能等社团学生活动照片,以及学生探究活动的精彩文字记录或探究成果;组织参加各级各类科技创新比赛,开展校级"轮船拼装比赛"、"旋转机器人设计制作比赛"等活动;开展校园科技节,展示社团学生作品等。

3. 实行多元管理,提升社团品质

在社团的管理上,主要实行指导教师负责、学生自我管理和自我服务制度。每个社团设置团长1名、副团长2名,各社团指导教师负责依据学生的心理特点和能力基础合理制定活动内容和方式,指导社团团员定时(每周四下午两节课后)、按方案实施社团活动,而团长和副团长负责及时登记考勤、整理器材、回收过程性资料、反馈社团活动情况等自我管理和服务工作。

(二)"童趣社团"评价标准

学生社团是学校文化建设的重要载体。为了更好地实现对"童趣社团"的科学管理,提高社团的活动质量,我校从社团管理、活动开展、活动展示、活动成果等四个方面制定了"童趣社团"评价标准(具体评价标准见表4)。

结合学校每学期举行的"明星社团"评选,由社团负责老师自主申报,并对照社团课程评价标准将社团活动的过程性资料、取得的成绩、品牌特色、经验总结等有形成果结集成册。学校根据各社团申报材料的详实性、特色程度,结合学生座谈、问卷反馈的信息,对社团进行综合评价。

表4 "童趣社团"评价标准表

评价维度	评 价 标 准	分值	自评	校评
社团管理 确保童趣	"童趣社团"要有规范的名称、宗旨、口号、标志。章程制定及时完善并严格执行。	5		
	"童趣社团"内部要有严谨的机构设置,有团长、团员,社团学生人数应在10人以上(包括10人);各项事务分工合理。	5		
	指导老师引导得当;社团活动场地及设备有严格使用、维护制度且利于学生开展活动。	5		
	服从学校的管理及领导,按时参加各项会议,并按要求及时传达、执行、递交各种活动资料。	5		
活动开展 深挖童趣	"童趣社团"有固定的活动场地,活动场地布置适合学生的发展并符合他们的个性特点,活动场地应保持整洁。	10		
	活动有创意并能充分体现童趣科学社团特色,符合小学生提升科学素养需求,参与面广,影响范围大。	20		
活动展示 宣传童趣	能积极参加并承担教育行政部门及学校组织的相关活动。	10		
	主动参与校内大型活动,能独立开展对外开放的活动,且主题突出,特色鲜明,师生欢迎,影响较大。	5		

(续表)

评价维度	评价标准	分值	自评	校评
活动展示 宣传童趣	每次活动都能利用海报或新闻媒体进行宣传报道,且有一定影响。	5		
活动成果 收获童趣	以"童趣社团"名义参加校内外大型赛事并获得名次。	15		
	"童趣社团"团员学科素养提升明显,团员有收获并能反思及总结。	15		
总评 及建议				

备注:总评以等级制呈现,总分85分及以上为优秀等级,70—84分为良好等级,60—69分为合格等级,60分以下为待努力等级。

三、组织"童乐研究",塑学科课程之魂

小学生的思维具有显著直觉性的特点,离不开具体事物或现象的感知,同时他们的思维又处于向逻辑思维萌芽的阶段,逐步向概括事物的本质属性迈进。基于儿童的认知水平和科学课程的生活化、开放性等特点,我们还认真指导学生开展研究性学习,引导儿童开展课题研究,把科学思维能力的发展和核心素养的提高蕴含在儿童喜欢的各个课外科学研究活动中。

(一)"童乐研究"实施策略

"童乐研究"的实施策略主要从对学生进行"童乐研究"的系统指导上体现,具体可以表现为对如何确定主题进行指导;对如何收集信息进行指导;对如何梳理成果进行指导;对如何改进研究进行指导四个方面。在实际实施中,这四个方面又有机整合,互为一体。

首先,学期初会召开"童乐研究"动员培训会,参会人员包括学科领导、班主任、任课教师和学生代表。会议会从上述四个方面进行开题指导,了解活动开展中可能存在的问题并提出具体的建议。例如建议学生和老师从对自然现象、社会生活的观察中,从教材的活动中发现并提出研究主题,像"小麦在不同土壤中的生长发育情况"、"不同3D打印材料对模具造型的影响研究"、"风筝线对风筝放飞高度的影响"等,都是根据教材内容或是学生通过观察生活所提出的问题中,最终确定的研究范围或研究题目。

其次,加强研究过程的实时管理,充实指导教师队伍。学校制定了《"童乐研究"评价表》,对"童乐研究"的课题、过程、成果和评价提出明确标准和要求,以评价为载体加

强对研究活动开展过程的质量监控;同时,聘请专家学者和家长志愿者担任学生社团研究活动的兼职指导教师,指导学生开展研究活动,提升研究质量。

最后,学期末认真组织学生、教师对"童乐研究"活动的过程进行梳理和反思,将取得的收获、发现的问题进行归纳整理、总结提炼,形成书面材料,同时召开"童乐研究"表彰会,邀请不同研究主题的学生代表、兼职老师和任课教师、班主任进行经验的交流分享,为下次研究活动的顺利实施积累经验。

(二)"童乐研究"评价标准

"童乐研究"的评价主要在学生层面进行评价,将研究活动的组织管理评价内隐在学生评价之中,从课题的规范性、创新性;过程性资料的丰富性、真实性;研究成果的严谨性、价值度;反思总结的适切性、合理性等维度进行评价(具体评价标准见表5)。

表5 "童乐研究"评价表

评价维度	评价标准	分值	得分
研究课题有新意	课题具有研究意义与价值。	5	
	课题新颖,创新点突出。	5	
	研究计划详实、规范。	5	
研究过程重真实	研究方法合适得当。	5	
	小组成员积极参与,表现良好,态度端正。	10	
	研究过程系统完整。	5	
	研究资料真实可靠、丰富。	5	
研究成果可推广	研究成果真实、可信。	15	
	研究成果逻辑清晰、科学、严谨。	10	
	研究成果概念明确、论述全面。	5	
	研究成果有一定应用价值。	10	
反思评价重提升	反思研究过程,总结学习过程中获得的基础知识、基本原理和主要方法。	20	
总评			
备注:总评以等级制呈现,总分85分及以上为优秀等级,70—84分为良好等级,60—69分为合格等级,60分以下为待努力等级。			

四、打造"童妙科博会",绽学科课程之彩

丰富多样的科技活动是拓宽学生视野、培养学生动手动脑能力、提高学生科学素养的重要途径。为更好地推动科技活动的开展,我校依据"童真科学"理念打造"童妙科博会",努力为学生提供多样化的学习机会。

(一)"童妙科博会"实施策略

"童妙科博会"坚持全员参与、点面结合、注重过程。如设计组织活动时要符合学生能力基础和兴趣,坚持一名学生参与一个项目的原则,以某个领域的具体知识技能为载体,综合考虑科学素养的各个维度,在奖项的设置上向过程倾斜,通过设立不同的过程性奖项,努力为每位学生提供适合的、公平的展示机会,使他们各项科学素养都能得到均衡锻炼。

"童妙科博会"努力体现特色、突出个性、鼓励创新。例如一年级的"探究树"科绘画展、二年级的"小小游乐园"制作展、三年级"奇妙世界"炫彩科学实验展示、四年级"科幻角色 cosplay"、五年级"我骄傲我是中国科技人"自绘书展、六年级"无人机"展示以及机器人表演等等。

"童妙科博会"要求项目负责人负责各自项目的过程性资料收集,同时跨项目沟通物品摆放位置、人员安排等事项,有分工有协作、责任明确,保证科博会有序开展、安全进行。

(二)"童妙科博会"评价标准

"童妙科博会"评价以展示型评价为主,主要从目标的准确性、预案的周密性、组织的有序性、成果的丰富性等四个方面进行评价,最终根据科博会的具体展示内容评选最佳创造奖、最佳展板奖、最佳解说奖、最佳项目奖、最佳团队奖等单项奖励和集体奖励(具体评价标准见表6)。

表6 "童妙科博会"评价表

评价维度	评 价 标 准	等级评定(ABC)
目标的准确性	A. 目标明确,符合"童真科学"课程基本理念,指向培养学生的科学素养,着眼于促进学生科学素养的发展。	
	B. 目标较明确,基本符合"童真科学"课程基本理念。	
	C. 目标指向性模糊,不符合"童真科学"课程基本理念。	

(续表)

评价维度	评价标准	等级评定（ABC）
预案的周密性	A. 活动内容科学合理，活动形式多样，活动流程规范，能充分体现"童妙科博会"的特色。	
	B. 活动内容较为科学合理，活动形式较为多样，活动流程较为规范，能在一定程度上体现"童妙科博会"的特色。	
	C. 活动内容不科学不合理，活动形式单一，活动流程不够规范，未体现"童妙科博会"的特色。	
组织的有序性	A. 活动能有效实施，活动期间纪律严谨，工作安排到位，职责明确，整个活动井然有序。	
	B. 活动在一定程度上能有效实施，活动期间纪律不够严谨，工作安排不够合理，整个活动秩序稍显混乱。	
	C. 活动不能有效实施，活动期间纪律差，工作安排不到位，职责不明，整个活动秩序混乱。	
成果的丰富性	A. 成果多样丰富，通过科技小制作、科学实验展示、科学书画作品、科技表演秀等多种形式展示，成果丰硕；过程性评价的相关资料齐全。	
	B. 成果较为丰硕，能通过多种形式展示成果；过程性评价的相关资料较为齐全。	
	C. 成果单一，没有留存过程性评价的相关资料。	
综合评价		

五、开展"童蒙研学"，树学科课程之志

最美的风景在路上，大自然是最好的伙伴和老师。"童蒙研学"是科学基础课程的有益补充，是培养学生科学素养的新内容和新方式。

(一)"童蒙研学"实施策略

"童蒙研学"的实施首先是以年级或班级为单位，基于学生兴趣，在教师引导下，从自然现象、社会和生活实践中选择和确定主题；然后再通过聘请家长助教，组建研学导师团队，发展有专业之长的家长帮助组织研学活动，让家长成为"童蒙研学"的参与者、设计者、实施者、管理者；接着是要在研学前，制定"童蒙研学"安全应急预案、落实医疗保障、与监护人签订研学知情协议书，做好各项安全保障、安全教育等前期准备工作；最后就是研学后及时组织分享"童蒙研学"成果，促进学生全面发展。例如，组织学生以调查研究报告、标本、观察日记、科学小论文、手抄报、ppt等多种形式分享研学之后的感悟,丰富学生的科学学习经历,让学生体会到科技给人类社会带来的深远影响,帮助学生塑造以科学精神为核心的现代人格(具体课程设置见表7)。

表7 金水区纬五路第二小学"童蒙研学"课程设置表

年级	主题	内容	学习目标
一年级	生命之旅	参观校园、走进紫荆山公园、郑州动物园	走出课堂,走进大自然,利用"花伴侣"、"形色"等学习工具,了解各种生物。
二年级	气象之旅	参观郑州市气象科普体验馆	知道有阴、晴、雨、雪等天气现象,知道天气变化对人类生活的影响。
三年级	科技之旅	参观郑州市科技馆、郑州自然博物馆	了解科学技术,丰富生活阅历,感受科学魅力,激发学生的创新精神,培养动手能力。
四年级	水域之旅	柿园水厂、黄河湿地公园	通过实地寻访,查阅资料,了解水资源对生命的重要意义,树立保护水资源、水环境的意识。
五年级	地质之旅	河南省地质博物馆	了解地球地形地貌、恐龙历史等,饱览因大气运动、水运动、地球运动等因素造就的自然奇迹。
六年级	寻根之旅	寻访商城遗址、河南省博物院	探秘数千年商城变迁、人类进化历史,感受中华民族的文化内涵和价值追求。

(二)"童蒙研学"评价标准

基于研学课程学习场域的开放性、学习形式的灵活性等特点,我校对"童蒙研学"的评价分为对教师活动组织设计的评价以及对学生研学的成效评价两个方面,每一方面又分别通过自评和校评两种评价方式来实施。

校级评价由课程中心负责,通过对研学方案的审核,研学过程的跟进,研学成果的调研等途径,依据评价量表(具体评价标准见表8)对教师活动组织和设计进行综合评价;对学生研学成效的评价分为自评和师评,师评由研学课程教师负责,对照"童蒙研学"评价标准进行定性评价,并将评价结果计入《暖娃课程手册》。自评一方面由学生将研学见闻、研学收获等以图文并茂的形式记录在课程手册,进行过程性、记录性评价;另一方面由教师搭建交流平台,学生通过制作PPT、宣传海报、研学笔记、角色表演等形式展示研学心得,对研学成效进行活动性、展示性评价。

表8 "童蒙研学"评价表

评价维度	评价标准	评价结果	
		师自评（生自评）	校评（组评）
组织引导科学有序	1. 课程设计科学完善。研学旅行课程有明确的研学目标、研学内容,体现实践性、研究性和创新性。		
	2. 课程准备充分到位。有研学课程实施方案,对活动的组织与流程安排提前做出设计。		
	3. 课程实施组织有效。按照预定的研学目标组织研学活动,采用多种方式采集信息,丰富研学收获。		
	4. 课程评价及时跟进。对学生在研学过程中的表现及时给予评价,有过程性评价的相关成果。		
研学旅行真实有效	5. 学习态度积极。认真参与每一次研学旅行活动,有求知的欲望和好奇心,努力完成自己的学习任务。		
	6. 学习方法多元。能用多种途径获得信息,能够独立思考,善于和同伴合作学习,解决问题。		
	7. 学习体验真实。全情参与研学旅行过程,有自己独特的感受和思考。		
	8. 学习收获丰富。通过研学旅行丰富阅历和见识,提高自我的动手实践能力,信息综合处理运用能力,并形成个人课程成果。		
备注：评价结果采用等级制,共分为ABC三个等级,A为优秀,B为良好,C为待努力。			

（撰稿人：单华瑞　张颖　王惠　李小辉　张亚龙）

生物乐园：趣游乐园，让思维在探索中升华

郑州市第七十六中学生物教研组共有 8 名教师，他们中有高级教师 3 人，省级骨干教师 1 人，郑州市骨干教师 1 人，金水区首席教师 1 人，金水区学科带头人 1 人。教研组教师队伍年龄结构合理，素质优良，曾获得"金水区优秀教研组"的称号。其中 1 人次获得"一师一优课活动"部级优质课，4 人次获得郑州市优质课一等奖，8 人次获得金水区优质课一等奖。生物组全体教师以"乐于学，勤动手，善思考"为生物课程建设精神引领，探寻师生共同成长路径。为了生物学科核心素养进一步落地、落细、落实，现依据《义务教育生物学课程标准（2011 年版）》等文件精神，制定我校生物学科课程群建设方案。

第一部分　学科课程哲学

一、学科性质观

《义务教育生物学课程标准（2011 年版）》指出："生物科学是自然科学中的基础学科之一，是研究生命现象和生命活动规律的一门科学。"[①]生物科学不仅包含丰富的知识体系，还包括了人类认识自然现象和规律的一些特有的思维方式和探究过程。它不仅要让学生获得基础的生物学知识，还要让学生领悟生物学家在研究过程中所持有的观点以及解决问题的思路和方法。

基于这种认识，我们认为生物学科的核心价值观是："培养以理性的思维和科学的态度及终身学习的能力"。我们以"保持浓厚的学习兴趣，养成理性的思维，形成积极的科学态度，发展终身学习能力"为课程开发的哲学依据，以"趣味课堂"为平台，建设

[①] 中华人民共和国教育部. 义务教育生物学课程标准（2011 年版）[S]. 北京：北京师范大学出版社. 2012. P. 2

生物学科课程群,从而培养学生终身学习的能力。

二、学科课程理念

《义务教育生物学课程标准(2011年版)》文件中指出:"生物学课程基本理念为:面向全体学生;提高生物科学素养;倡导探究型学习。"[1]生物学课程的设计思路是:对学生进行全面的科学素质教育,着眼于学生终身发展的愿望和能力,倡导探究性学习,力图改变学生的学习方式,帮助学生领悟科学的本质,以及形成科学的态度和价值观。

黑格尔说:"一个深广的心灵总是把兴趣的领域推广到无数事物上去。"[2]"生物乐园"的主旨是打造"趣味课堂",点燃学生兴趣的火花,让兴趣之火蔓延到无限的学习中。兴趣激发科学探究,探究形成科学习惯,习惯促进终身发展。基于此,依据生物学科性质和学科理念,结合我校文化、生物学教材和教参以及学生的实际情况,我们确定了"生物乐园"课程理念为"趣游乐园,让思维在探索中升华"。

——"生物乐园"是"培趣"乐园。兴趣激励学习动力,"生物乐园"课程注重学生兴趣的培养和知识的探索。通过充满乐趣的生物学习,培养良好的观察和思考能力,让学生的学习产生更大好奇心,勇于探索。

——"生物乐园"是"激思"乐园。思辨提升学习能力,"生物乐园"课程关注学生能力的提升和智慧的启迪。通过科学探究,强化科学意识,掌握一定量的科学知识,形成刻苦钻研的精神和较强的思辨能力。

——"生物乐园"是"赋值"乐园。过程滋养学习态度,形成科学精神,"生物乐园"课程注重习惯的养成和态度的形成。通过探索生命的奥秘,使学生更加热爱自然,珍爱生命;形成实事求是的科学态度、探索精神和创新意识;确立积极、健康的生活态度。

我们认为,"生物乐园"课程能激发学生探究生物奥秘的兴趣与欲望,能培养学生用动态、变化、发展的观点观察研究自然,通过学习加强了分析解决生物问题的关键能力,培养学生的科学价值观。这完全体现了我们所追求的生物课程理念:趣游乐园,让思维在探索中升华。

---

[1] 中华人民共和国教育部. 义务教育生物学课程标准(2011年版)[S]. 北京:北京师范大学出版社. 2012. P. 3

[2] (德)黑格尔.《美学》第一卷[M]. 北京:商务印书馆. 1977. P. 358

第二部分　学科课程目标

《义务教育生物学课程标准(2011年版)》指出:"通过义务教育阶段生物学课程的学习,学生将在以下几个方面得到发展。获得生物学基本事实、概念、原理和规律等方面的基础知识,了解并关注这些知识在生活、生产和社会发展中的应用。初步具有生物学实验操作的基本技能、一定的科学探究和实践能力,养成科学的思维习惯。理解人与自然和谐发展的意义,提高环境保护意识。初步形成生物学基本观点、创新意识和科学态度,并为确立辩证唯物主义世界观奠定必要的基础。"[1]依据课标,我们制定了以下生物学科课程目标。

一、学科课程总体目标

依据课标和生物学科核心素养,结合我校学生实际情况,我校生物学科课程总目标为:获得生物学基础知识,了解并关注这些知识在生活、生产中的应用;具有一定的科学探究和实践能力,养成科学思维的习惯;形成生物学基本观点、创新意识和科学态度。生物学科课程目标分为显性课程目标和隐性课程目标。

(一) 生物课程显性目标

学科知识掌握方面。生物学重要概念处于学科中心位置,是生物学课程的基本组成部分。通过课程学习,获得生物体的结构层次、生命活动、生物与环境、生物多样性、生物进化以及生物技术等生物学基本事实、概念、原理和规律的基础知识,以及获得有关人体结构、功能以及卫生保健的知识,促进生理和心理的健康发展,知道生物科学和技术在生活、生产和社会发展中的应用及其可能产生的影响。

学科能力培养方面。学生能正确使用显微镜等生物学实验中常用的仪器和用具,具备一定的实验操作能力,以及收集、鉴别和利用课内外的图文资料和其他信息的能

---

[1] 中华人民共和国教育部. 义务教育生物学课程标准(2011年版)[S]. 北京:北京师范大学出版社. 2012. P. 5

力,并学会生物科学探究的一般方法和形成科学探究能力,学会运用所学的生物学知识分析和解决某些生活、生产或社会实际问题。

(二) 生物课程隐性目标

了解我国生物资源状况和生物科学技术发展状况,养成爱祖国、爱家乡、爱自然的情感,理解人与自然和谐发展的意义,提高环境保护意识。乐于探索生命的奥秘,具有实事求是的科学态度、探索精神和创新意识。通过动手实践,体验有趣、有用的生物学科知识,体验生物学科分析解决问题的思想方法,在实践中体验创新的乐趣,保持持久浓厚的学科学习兴趣,为自己的终身发展奠定基础。逐步养成良好的生活和卫生习惯,确立积极、健康的生活态度,珍爱生命。

二、学科课程学段目标

义务教育阶段生物学科共分为七、八两个年级的学习。学段目标如下:

(一) 七年级上学期目标

通过七年级上学期"生物乐园"课程的学习,学生将在以下几方面得到发展。

1. 获得有关生物体结构层次、生物与环境、生命活动等生物学基本常识、概念和规律的基础知识。

2. 初步具有收集、鉴别和利用课内外的图文资料及其他信息的能力。

3. 能正确使用显微镜等生物学实验中常用的仪器和用具,具备一定的实验操作能力。

4. 理解人与自然和谐发展的意义,具有环境保护意识。

(二) 七年级下学期目标

通过七年级下学期"生物乐园"课程的学习,学生将在以下几方面得到发展。

1. 获得有关人体结构与功能的知识,促进生理和心理的健康发展。

2. 初步学会生物科学探究的一般方法,在科学探究中发展合作能力、实践能力和创新能力。

3. 乐于探索生命的奥秘,具有实事求是的科学态度、探索精神和创新意识。

(三) 八年级上学期目标

通过八年级上学期"生物乐园"课程的学习,学生将在以下几方面得到发展。

1. 通过观察、实验、思考、分析、讨论,能概述动物都有与各自环境和生活习性相适应的形态结构特点，了解根据动物特点可以分成不同的类群，理解动物的运动依赖一定的结构基础。

2. 知道动物的行为分为先天性行为和学习行为，了解细菌和真菌获取营养的方式、繁殖方式和特征，知道生物科学和技术在生活、生产和社会发展中的应用。

3. 通过动手实践，体验有趣、有用的生物学科知识，体验用生物学科分析解决问题的思维方法，在实践中体验创新的乐趣，持久保持浓厚的学科学习兴趣，为终身发展奠定基础。

(四) 八年级下学期目标

通过八年级下学期"生物乐园"课程的学习，学生将在以下几方面得到发展。

1. 学生能解释生物的生殖和发育，也能说明生物的遗传和变异及生物进化的原因。

2. 掌握如何避免感染传染病和获得自然免疫，了解用药和急救的卫生保健知识。

3. 逐步养成良好的生活与卫生习惯，确立积极、健康的生活态度。

第三部分　学科课程框架

依据"趣游乐园，让思维在探索中升华"的课程理念构建学科课程框架以达到上面目标。

一、学科课程结构

《义务教育生物学课程标准(2011年版)》课程内容为10个一级主题："1.科学探究；2.生物体的结构层次；3.生物与环境；4.生物圈中的绿色植物；5.生物圈中的人；6.动物的运动和行为；7.生物的生殖、发育与遗传；8.生物的多样性；9.生物技术；10.健康地生活。"[1]依据《义务教育生物学课程标准(2011年版)》相关要求，围绕生物

---

[1] 中华人民共和国教育部. 义务教育生物学课程标准(2011年版)[S]. 北京：北京师范大学出版社. 2012. P. 4

学科"生命观念、科学思维、科学探究、社会责任"[1]等核心素养,结合我校历史文化与生物学科课程理念,我们以国家课程为基础,从科学探究、多彩生物圈、生物技术、健康生活四个方向进行课程群构建,形成"生物乐园"课程。学科课程结构图如下(见图1):

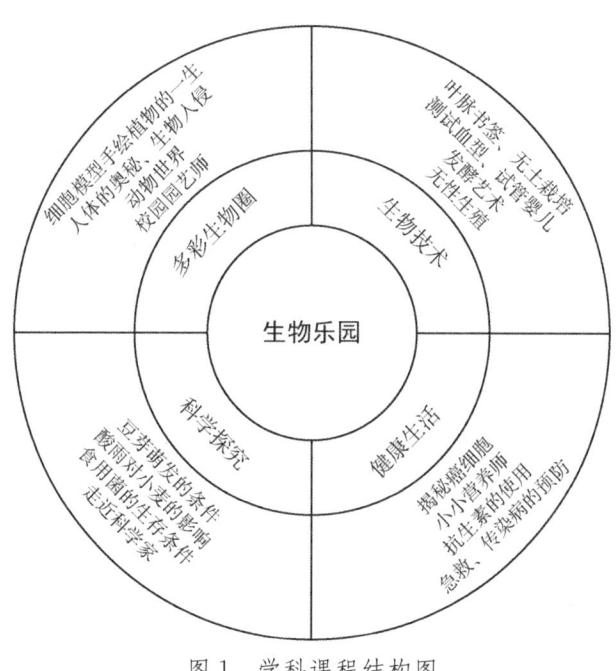

图1 学科课程结构图

(一) 科学探究

生物学课程中的科学探究是学生积极主动地获取生物科学知识、领悟科学研究方法而进行的各种活动。我们"生物乐园"课程依据学生的实际情况,设置科学探究的课程内容让学生能够发现现实世界中的生物学问题,针对特定的生物学现象,进行观察、提问、实验设计、方案实施以及实验结果的交流与讨论。在不同活动的开展中,培养他们善于并乐于团队合作、勇于创新的意识,发展他们的科学探究能力。

(二) 多彩生物圈

生物圈是一个统一的整体,是地球上最大的生态系统,包括地球上所有的生物及

---

[1] 中华人民共和国教育部. 普通高中生物学课程标准(2017版)[S].北京:人民教育出版社,2018. P. 2

其生活的环境。初中学段生物学知识围绕生物与环境的整体性这条主线,理解生物的生殖、发育、遗传及多样性。"生物乐园"课程中活动课程和拓展课程更好阐释了生物与环境内容中的各个概念,探讨生物圈中多种多样生物的生命基本特征以及它们与环境的关系。

(三) 生物技术

生物技术的迅猛发展已经显现出巨大的社会效益和经济效益,并越来越多地影响人类的生活和社会发展。在"生物乐园"课程内容中设计了日常生活中生物技术的实验和实践活动(例如发酵食品的制作等),丰富学生对生物技术的感性认识,同时老师以多种方式向学生提供或者鼓励学生自主收集有关现代生物技术的资料,帮助学生理解生物技术对人类社会发展的重要意义和可能带来的其他影响。

(四) 健康生活

健康包括人的身体健康、心理健康以及良好的社会适应状态。学习有关青春期生理和保健、传染病和免疫、医药常识等知识对健康地生活有重要意义。"生物乐园"课程内容设计有针对学生的年龄特点创设的学习情境,也有让学生自己提出探究的课题开展学习活动,例如:学生通过调查、研究、实验,认识吸烟、酗酒、吸毒等不良生活习惯对健康的负面影响,对自身、他人和社会的危害,从而形成健康的生活方式,培养积极的生活态度。

二、学科课程设置

"生物乐园"课程是我校学科课程之一,是结合生物学科课程理念及课程目标要求,针对在校学生实际情况,设置的具有生物学特色的课程。课程类型包括基础课程和拓展课程。除基础课程以外,"生物乐园"拓展课程的具体课程设置表如下(见表1):

表1 "生物乐园"拓展课程设置表

学期	类别	科学探究	多彩生物圈	生物技术	健康生活
七年级	上期	豆芽萌发的条件	细胞模型 手绘植物一生	叶脉书签 无土栽培	揭秘癌细胞
	下期	酸雨对小麦的影响	人体的奥秘 生物入侵	测试血型 试管婴儿	小小营养师

(续表)

学期\类别		科学探究	多彩生物圈	生物技术	健康生活
八年级	上期	食用菌的生存条件	动物世界	发酵艺术	抗生素的使用
	下期	走近科学家	校园园艺师	无性生殖	急救 传染病的预防

第四部分　学科课程实施

生物学科课程,应创设彰显生物特色的育人环境,本着课堂教学与课外实践活动相结合,知识性和趣味性相结合的原则,开展有声有色的生物实践活动、校本课程,拓展生物学习的新时空,从而培养学生的科学探究能力,提高学生的生物学科素养,激发学生学习生物的热情。生物课程从建构趣味课堂,开展趣味生物节,推进社团活动,拓展生物研学,开发生物乐读工程这几方面实施。

一、建构"趣味课堂",彰显我校生物课堂特色

课堂是推进学科课程实施的主要渠道,结合我校灵智课堂实际,建设符合我校生物学科的"趣味课堂",推进"生物乐园"课程实施。

(一)"趣味课堂"的内涵

"趣味课堂"是学生"乐于学,勤动手,善思考"的课堂。

"乐于学"旨在培养学生的学习兴趣。"趣味课堂"提倡实物教学。实物教学不但能活跃课堂气氛,而且能调动学生学习的积极性,增加学习兴趣。"趣味课堂"的教学不局限于课本,还和社会热点紧密相连。热点问题引入能营造生动有趣的课堂环境,激发学生的学习兴趣。"生物乐园"课程期望每一个学生都能通过"趣味课堂"的学习,对生物学产生更浓厚的兴趣。

"勤动手"旨在培养科学探究的能力。生物是一门以实验探究为主的科学。为了充分调动学生学习的热情，除了课本上的演示实验和探究实验外，还为学生提供了一系列的课外实验作为有效补充和延伸，如制作叶脉书签、细胞模型、发酵食品等。所有这些实验操作简单，实验用具和材料就在我们身边，不用费心去寻找，学生在动手实验中玩得开心，学得快乐，不仅体会到动手动脑的乐趣，而且能够学习到蕴涵其中的科学道理和自然规律，使他们既拓展了视野，又启发了智慧，也养成了探索自然规律的科学态度。

"善思考"旨在形成理性思维的科学素养。生物学科的优势在于能和生活实践紧密联系起来，但这些往往最容易为学生所忽略。生物教师要充分利用这个独特的学科特点，将生活中的小例子或小现象应用于课堂中。通过教师的引导，学生能够发现身边的问题，并自主解决问题，从而激发学生的学习兴趣，使学生感到学有所用。例如剩饭剩菜变馊、食物表面长一层"白毛"、水果蔬菜腐烂等生活中这类很普遍也很常见的现象都可以引入"趣味课堂"，引导学生去思考。

(二)"趣味课堂"的推进

"趣味课堂"主要通过校本研修来推进。

师带徒学习共同体——在学校每年组织的师带徒学习共同体活动中，生物组新任教师与学科骨干教师积极参与。通过一对一"传、帮、带"帮助新任教师尽快领悟"趣味课堂"文化理念，熟悉"趣味课堂"基本形态和教学特点。组内通过教学大赛选出优秀选手，参加学校的优质课比赛和学科特色拓展课展评活动。

教学研究——在灵智课堂"培养灵于心、智于行的学子"的育人目标引领下，学科依据"趣味课堂"文化理念，结合学科课程标准，根据本校学生实际情况，确立了学科教学研究的主题——"实物教学"。通过集体备课，设计直观的教学策略，创造性的作业形式，有趣的课堂活动，丰富多彩的课外实践活动使"实物教学"在生物教学中落地生根。

编制校本课程读本——围绕"趣味课堂"建设，生物组骨干教师都积极参与《生物乐园》校本课程读本的编制工作。2016年，我们生物组编写了《生物乐园》校本课程读本并开始实施。根据学生学习的需要，以及"生物乐园"课程实施过程中发现的问题，经过生物组骨干教师多次教研讨论,于2019年出版了《生物乐园》校本课程读本的修订版。经过修订的《生物乐园》校本课程读本与人教版《生物学》教材结合使用,更有利于"趣味课堂"的推进,并为"生物乐园"学科课程实施奠定了基础。

(三)"趣味课堂"的评价标准

依据学校"灵智课堂"的评价标准,结合我们生物学科特点,从学习目标、学习内容、学习方法、学习过程、学习效果等方面,制定了生物课堂评价标准,引领课堂发展方向。全面评价学生在知识、能力、情感态度与价值观等方面的表现。

学习目标清晰、具体,易于理解,便于实施,行为动词使用正确,符合课程标准要求,符合生物学科特点,符合学生实际,又要体现对学生知识、能力、思想与创造性思维等方面的发展要求,而且目标能融入"趣味课堂"文化特色。

学习内容紧紧围绕学习目标,从学生的"学"出发,体现教材"二次开发",体现生物学科的思想性和内在逻辑性,注重生活化、活动化、趣味化,且适当拓展相关生物学科知识,丰富生物学科体系,依据校情和生物节日,适度增加主题活动、实践活动、研学活动等内容。

学习方法方面教师能围绕学生的主体性,依据学习内容,帮助学生选择恰当的学习方式,并体现学习方式的自主性、多样化,教师从关注"教"走向关注"学",注重学法和策略指导,助推学生掌握学科思想方法,形成科学的思维方式,教师还要能引导学生对学习内容进行评议,鼓励学生发表不同意见和独创性的见解。

学习过程始终体现学生的主体地位,能营造积极主动的课堂氛围。教师能指导学生有效开展自主学习、合作交流,顺利完成学习任务,并能有效组织和引导学生开展探究性学习,培养学生发现问题、解决问题的能力。真正让学生做到"乐于学,勤动手,善思考"。

学习效果是课堂教学的落脚点,学习效果的评价主要通过检测学习目标的达成度来实现,"趣味课堂"学习效果的评价标准有:教师能够针对目标进行当堂检测,并对反馈结果及时指导调整,课堂真正让学生做到了"乐于学,勤动手,善思考",不同层次的学生都学有所获,生物知识、能力和情感态度得以较好的发展。"趣味课堂"课堂的评价表如下(见下表2):

表2 "趣味课堂"课堂评价表

"趣味课堂"课堂评价标准		
评价项目	评价内容	得分
学习目标 （20分）	1. 学习目标清晰具体，易于理解，便于实施，行为动词使用正确。 2. 符合课程标准要求，符合学生实际，体现生物学科核心素养。 3. 体现对学生生物知识、科学探究和实践能力的发展要求。 4. 引导学生确立积极健康的生活态度，珍爱生命。	
学习内容 （20分）	1. 体现生物学科的思想性和内在逻辑性。 2. 注重生活化、活动化、趣味化，且适当拓展相关生物学科知识。 3. 围绕目标设置有能引发学生深度思考的情景内容。 4. 适度增加学生感兴趣的主题活动、实践活动、研学活动等内容。	
学习方法 （20分）	1. 能围绕学生的主体性，教师从关注"教"，走向关注"学"。 2. 依据学习内容，帮助学生选择适当灵活多样的学习方法。 3. 鼓励学生主动发表不同意见和独创性的见解。 4. 评价多样化，师评、自评、学生互评相结合。	
学习过程 （20分）	1. 学习过程始终体现学生的主体地位。 2. 能营造积极主动的课堂氛围，学生乐于学。 3. 学生注意力集中，能很好地结合课堂内容进行自主学习和主动思考。 4. 学生能在小组合作活动中，勤于动手顺利完成学习任务。	
学习效果 （20分）	1. 教师能够针对目标进行当堂检测，并对反馈结果及时指导调整。 2. 能让学生做到"乐于学、勤动手、善思考"。 3. 使不同层次的学生都能学有所获，在生物知识、能力和情感态度方面得以较好的发展。	
总体评价		

二、开展"趣味生物节"，浓郁人文教育

在课堂教学中不断渗透人文教育，实现生物学科的人文教育功能，是每一位生物教师值得思考的问题。节日承载着丰富的人文教育资源，在生物教学中不断挖掘生物教学资源，渗透节日的人文教育，对丰富学生精神生活、培养学生人文情怀、协调学生心智发展、促进愉快的生物教育等方面都有着不可忽视的作用。所以"生物乐园"课程开展"趣味生物节"活动，进行节日教育是非常必要的。生物节要根据学年的活动主题设计出相应的主题、内容和方案。

（一）"趣味生物节"活动内容

与生物学科有关的节日有很多，例如：3月12日——中国植树节、5月20日——中

国学生营养日、河南 4 月 21—27 日——爱鸟周、5 月 31 日——世界无烟日等。我们以这些有一定纪念意义的日、周、月节日为依据开展多种多样生物节活动,如"我爱绿植,保护环境"、"告别零食,合理营养"、"爱护小鸟,和谐共处"、"远离烟草,崇尚健康"等活动。

"我爱绿植,保护环境"。植树不仅可以绿化和美化环境,同时还可以起到扩大森林资源、防止水土流失、保护农田、调节气候等作用。在每年植树节期间开展"我爱绿植,保护环境"活动,提高学生对森林功能的认识,培养爱林护林的意识,爱护自然,保护生态环境,实现人与自然和谐相处。

"告别零食,合理营养"。青少年处在身体发育和智力发展的重要时期,而且学业负担重,合理膳食均衡营养才能有效促进学生体质健康,每年在中国学生营养日开展"告别零食,合理营养"活动,制定零食调查表,调查班内同学常吃零食的种类、次数等情况。搜集相关资料让学生了解合理营养和养成良好的饮食习惯与维持人体的正常生理功能,促进健康和生长发育,提高机体免疫力之间的关系,从而注意合理营养,帮助有些学生改掉挑食、偏食、爱吃零食的坏习惯,并担负起大力宣传和普及营养科学与食品卫生知识的责任。

"爱护小鸟,和谐共处"。鸟类是自然生态的重要组成部分,是自然界赐予人类社会的宝贵财富。开展爱鸟周活动,通过宣传让学生了解保护鸟类资源,对于保护生物多样性、维持生态平衡、美化净化环境,创建和谐校园,具有十分重要的意义。并开展"爱护小鸟,和谐共处"活动,学生自己动手为小鸟制作鸟巢,切实感受献出爱心、保护鸟类的过程,相信我们会有一个更加美好、更加和谐的明天。

"远离烟草,崇尚健康"。每年 5 月 31 日是世界无烟日,因为第二天是国际儿童节,希望下一代免受烟草危害。烟草依赖是一种慢性疾病,烟草危害是世界最严重的公共卫生问题之一,吸烟和吸二手烟严重危害人类健康。我们在校园里举行"远离烟草,崇尚健康"宣传活动,教育学生远离烟草,并积极做好"小宣传员",让大家知道吸烟的危害并珍爱生命。

(二)"趣味生物节"活动评价要求

"趣味生物节"评价根据相应活动内容进行评价。分别从活动的积极参与度、小组的协作能力、活动的成果和成效以及特色创新四个方面给予评价打分。根据所评分数分为优(85—100 分)、良(70—84 分)、中(69 分以下),具体评价表如下(见表3):

表3 "趣味生物节"活动评价表

活动主题		
第___小组	组员	
评价项目	评价标准	评价结果
积极参与度	参与活动积极、热情(25分)	
小组协作能力	小组团结协作,作品完成又快又好(20分)	
活动成果、成效	活动效果好,师生评价高(35分)	
特色创新	体现创新、有创意,特色鲜明(20分)	
总体评价		

三、推进社团活动,展示生物学魅力

社团活动是学校课堂教学的延伸性活动,是进一步深化教育教学改革,全面实施、推进素质教育的一个重要体现。社团活动的正常开展,既丰富学生的课余活动,也为学生提供了一个自主发展的空间。我们生物教师科研组开设了多个具有思想性、艺术性、知识性、趣味性、多样性的生物社团,吸引了广大学生积极参与其中。其中"智慧百草园"、"生物爱好者"社团受到广大师生一致好评。

"智慧百草园"社团成立于2013年9月,"生物爱好者"社团成立于2015年9月。两个社团均以实践、探究、兴趣、创新、拓展为宗旨,立足课堂,努力拓展课外知识。力求培养学生的生物学技能,激发学生的学习兴趣,提高学生动手能力,发展自主、合作的意识和自我教育能力等综合素质,培养"健康快乐、自知自信的金水少年"。

(一)社团活动实施

我校生物社团都具有详实的社团章程和全面的规章制度,有优越的活动条件,如:配备整齐的生物实验室、离陈寨集贸市场较近的距离、有去农田观察生物的充足机会,有专业精湛的专职辅导老师等。社团活动课程主要在全校社团活动课时间统一开展进行,每学期安排六课时,可以根据情况适时调整。社团活动形式为集体活动(地点在学校生物实验室或校园)和分散活动(团员自己家里)相结合。

社团活动内容丰富,如:定期组织社团成员到实验室做实验,定期组织社团成员到野外进行考察,定期举办讲座,结合学生学习进度,对社团成员进行技能培训,鼓励社团成员积极参加科技创新大赛等。

（二）社团评价

阶段性考评与成果性考评相结合。社团辅导老师在每次社团活动时负责好协调和巡查工作,根据社团相应的记录,包括活动目标、活动内容、活动过程、活动效果、活动指导等,对社团每次的活动进行中肯的评价。在学期末以此为主要依据,结合学生自评、社长评和辅导老师评,评出优秀社团成员,并结合社团成果展评,择优参加学校社团成果评比活动。生物社团优秀团员评价表如下(见表4):

表4　生物社团优秀团员评价表

评价项目	评价标准	评价结果		
^	^	自评	社长评	辅导老师评
情感态度	1. 积极参与社团活动			
^	2. 敢于提出活动的设想和建议			
^	3. 勇于克服困难和挫折			
合作交流	1. 乐于帮助同学			
^	2. 善于倾听同学的意见			
^	3. 能够与别人交流合作			
实践能力	1. 会用多种方法搜集、整理信息			
^	2. 掌握基本生物知识与技能			
成果展示	1. 活动过程记录完整			
^	2. 作品(实验结果)			
^	3. 成果创意			
综合评价				

填表说明：A很好、B较好、C一般、D差,请在评分栏打"A、B、C、D"。

四、拓展生物研学,激发学生探索热情

为了增进学生对自然和社会的认识,培养学生的社会责任感和实践能力,每学期开学初,学科教师就会在一起研究本学期学生研学内容。在确定研学目标后,结合学生的意愿进行删减,生物研学的开展,极大地激发了学生学习生物的热情,同时也促进了我校教师生物学素养的提高。根据学生不同的需要和兴趣爱好,可参与不同的研学活动。

（一）研学活动内容与实施

参观植物园、动物园。教师设计活动方案和评价方式，组织学生参观。学生根据教师提供的研学纲要，查阅相关资料，做好研学功课，分组展示交流。学生对大自然充满了无限兴趣，不仅提高了学习兴趣，同时拓宽了他们的生物知识面。

探秘海洋馆。教师做好活动计划，组织学生参观海洋馆。有很多学生对海洋充满好奇，对很多海洋生物有很大兴趣，通过到海洋馆参观学习，可以使学生学习到课本之外的很多知识。

走进科技馆。教师设计活动方案，组织学生参观郑州市科技馆。科技馆是学生领略神奇和感受生命的地方，通过研学活动，学生走进科技馆，体验奇妙的科学实验，了解神奇的生命现象，揭秘科学的奥秘，畅游知识的海洋。

游览地质博物馆。教师设计活动方案，组织学生游览郑州市地质博物馆。郑州市地质博物馆中有展示整个地球生命的进化过程，利用图片、视频、化石和模型等多种方式，帮助学生从宏观上了解生物进化的历程。

（二）研学活动评价要求

研学课程的评价主要根据学生在研学中的阶段表现，结合研学前资料的准备、参与活动的积极性、研学后资料的汇总与整理和研学活动后的心得感悟，划分等级进行评比；并举办研学成果评比展示，根据活动完成情况，对研学过程的效果进行评估。根据所评分数分为优(85—100)、良(70—84)、中(69分以下)三个等级。"生物乐园"研学活动评价表如下（见表5）：

表5　生物研学活动评价表

研学主题：			
指导老师：			
研学组成员	组长		
	组员		
评价项目	评价要求		评价分数
			（以下每项满分20分）
研究态度	各成员对研学有较高的热情与较大的兴趣，能够认真完成研究任务。		

(续表)

研学主题:			
指导老师:			
研学组成员	组长		
	组员		
评价项目	评 价 要 求		评价分数
			（以下每项满分20分）
信息搜集	研学前搜集资料的渠道和方法多样化,信息处理能力较强,资料较完整。		
活动过程	参与活动积极性高,活动中团结协作,文明出行,活动记录真实、完整。		
资料整理	研学后资料及时汇总,整理完整、清晰有条理		
活动感悟	研学感悟书写认真,感悟深刻		
总评			

五、开发"乐读课程",启迪智慧

我校开展了图书馆课程,结合我们生物学科的课程理念"认识生物爱自然,探索乐园学科学",借助学校丰富的图书资源,我们开发了生物乐读课程。《鸟类研究》《鸟与文学》《细胞在工作》《动物栖息地》《寂静的春天》等生物类图书,极大地吸引了学生们的眼球,学生可以根据自己的爱好和探索需要,利用课余时间到校图书馆进行查阅,在阅读中感受学习的乐趣,在探索中感受知识的魅力,通过课程启迪智慧、滋养心灵。

(一) 乐读课程实施

利用综合实践课到校图书馆借阅图书,学生根据自己的兴趣爱好挑选与生物相关的书目,在规定的时间内完成阅读,并按照要求写读后感。小组内开展交流,选出优秀作品参加学校的读书分享会。

(二) 乐读课程评价要求

评价主要从学生收集分析信息的能力、小组合作交流的能力及探索新知的能力等多方面进行。评价方式采用小组内书写读后感并互评的方式,每组评出一名优胜者参加读书分享会,邀请校领导和学科教师作为评委,评出一等奖、二等奖和优秀奖。读后感评价表如下(见表6)：

表6 "乐读课程"读后感评价表

读后感			
班级		姓名	
评价项目	评 价 标 准		评价结果
字体书写	语言通顺,书写规范(20分)		
故事内容	清楚,完整,可简练概括主要内容(25分)		
文章结构	结构清楚,读与感的结合点明确(25分)		
观点阐释	中心明确,能真实表达自己的感受(30分)		
总评			

(撰稿人：李风霞　毛绍丹　周喜欢　王泽帆　李占标)

第三章

在笃行中涵养品格

科学课程以实践活动为载体,引领儿童通过探究活动而获得知识,明晰事物的原理。探究活动是儿童学习科学的重要方式,在探究活动中启迪了智慧,发展了品格。科学教育为儿童提供实践的机会,同时在实践中养成科学的思维方式和行为表现。在实践中指导儿童用动态、发展的观点观察和研究自然,助其养成科学的认知和思维,提高其思维的批判性和严谨性,奠定科学的世界观基础,塑造敢于批判质疑、勇于自主探究的品格。

趣美科学：慢慢生长的奇趣与美好

郑州市金水区工人第一新村小学科学教研组共有教师3人，其中中小学一级教师2人、中小学二级教师1人，平均年龄46岁。想象力培养的课题研究取得了阶段性成果，开元电子、3D打印、少儿编程等课程的引入；三项国家专利、一个金水区金星社团以及郑州市创客教育示范校的殊荣点亮了师生的科学梦想。在万物启蒙文化通识教育创始人钱锋、北京景山学校周群、郑州师范学院赵靓及郑州市科技馆专家的指导帮助下，科学教研组依据学校"大美教育"的课程哲学，深刻认识到培养学生科学素养的重要性，以及为学生终身学习打好基础的必要性。参照《义务教育小学科学课程标准（2017年版）》，特制定我校"趣美科学"课程建设方案，努力让科学课成为"趣美共生 知行合一"的课程，让科学素养在奇趣与美好中成长。

第一部分　学科课程哲学

一、学科性质观

《义务教育小学科学课程标准（2017年版）》指出："小学科学课程是一门基础性课程。小学科学课程是一门实践性课程。"[1]对应我校"工善其事　知行合一"的校训，"趣美科学"具有趣和美两种性质。一是"趣美科学"是充满奇趣的。"工欲善其事必先利其器"，我们要想在未来竞争中走在科技创新发展的前列，早日实现中华民族伟大复兴的中国梦，就必须为当今的学习打好科学素养这一基础，必须让小学生从小对科学产生兴趣。二是"趣美科学"是美好的。课程学习要突出实践性，在探究性学习活动中

---

[1] 中华人民共和国教育部.义务教育小学科学课程标准（2017年版）[S].北京：北京师范大学出版社，2017.P.1

动手实践，做到知行合一，用科学改变生活，用科学生长美好。

"趣美科学"的奇趣与美好符合小学生需要慢慢成长的心理规律和认知规律。好奇与兴趣能够带来积极的学习情绪，觉得极其有意思的探究能够唤起美的感受，享受到学习过程的美好，探究结果的美好。这样的美好形成良性循环，在往复循环中发展科学素养。

二、学科课程理念

我们将学科理念确定为"趣美科学"，让奇趣与美好慢慢成长，因兴趣而心生美好，因美好而衍生兴趣。

"趣美科学"是与万物联通的学科。大自然中的一花一木、万事万物都是科学的载体，都是科学课程的学习探究对象。"趣美科学"课程要立足于打通科学与大自然的关联，引万物入课程，带领孩子们走进大自然，选取学生熟悉的自然万物作为学习研究对象，让孩子对自然万物感兴趣。

"趣美科学"是源于好奇心的学科。科学探究因好奇心而发生，其动机受好奇心的驱使，其过程是对好奇心的满足。"趣美科学"要不断捕捉孩子们对生活现象的好奇心，唤醒他们的探究欲望、指导其探究行动。

"趣美科学"是学与用结合的学科。任何形式、任何内容的学习都是为了用，能够与用有机结合的学习才会让人感到有趣、心生美好。科学发展分分秒秒都在改变，教材永远赶不上时代发展的步伐，传授方法永远比传授知识更为重要，"趣美科学"要打通学习与快乐之间的通道，让孩子们有不断反思、不断调整策略的经历，有借助各种新媒体搜集科学信息、学习科学知识、辨析科学真伪的能力。

"趣美科学"是启迪责任心的学科。科学与人的生命息息相关，能够改善人生命状态的科学是真科学，能够与生命状态相连接的科学教育是活的教育。"趣美科学"要引导孩子珍爱生命，要培育健全的人格，让具有不同个性需求的孩子获得适合的发展，能够透过全球科技发展动态及科技成果（如高铁技术）服务全球发展的重要作用，形象理解人类命运共同体的内涵和价值。

第二部分　学科课程目标

"趣美科学"是在课程标准的指导下,围绕学科核心素养,着力培养学生的科学兴趣,让学生始终感受到科学是很有趣的,科学探究的过程是幸福而美好的。

一、学科课程总体目标

依据课程标准和科学学科核心素养,结合我校学生实际情况,我校"趣美科学"课程的总目标是:培养学生的科学素养,为终身学习打好基础。保持和发展对自然的好奇心和探究热情;了解与认知水平相适应的科学知识;体验科学探究的基本过程,培养良好的学习习惯;培养他们的学习能力、思维能力、实践能力和创新能力,以及用科学语言与他人交流和沟通的能力;形成尊重事实、乐于探究、乐于与他人合作的科学态度。培养大爱、大智、大美的阳光少年。

二、学科课程学段目标

小学科学学科1—6年级12册内容,分为三个学段,学段目标如下:

(一) 1—2年级目标

1. 初步感知科学探究的过程,形象感知科学是有趣的,对形象感知提出问题、作出猜测的科学态度。

2. 知道科学探究离不开分工与合作、计划与组织,初步了解"制定计划"和"搜集证据"的意义,激发学生参与科学探究活动的兴趣。

3. 通过完整的做中学活动亲历探究过程,提高"制定计划"和"搜集证据"的能力。

4. 进一步理解科学探究的本质,提高认知水平,在教师指导下,能用语言对自然现象进行简单描述。

(二) 3—4年级目标:

1. 体验用不同方法进行观察的乐趣,体验发现问题带来的充实感,激发提出问题的兴趣。

2. 能对所提出的问题进行比较和评价,初步尝试猜想与假设,了解假设与事实的区别。

3. 进一步认识科学探究过程中的猜想与假设,感受科学假设在科学探究中的重要性。

4. 知道科学探究需要事实与证据,体验怎样获得证据。能用简单的工具对物体进行细致的观察,能用语言或图画描述所观察的事物的形态特征、变化过程。

5. 懂得有根据才有发言权,掌握搜集事实与证据的方法。

(三) 5—6 年级目标:

1. 会通过物理模型解释自己的研究成果,能将所得出的结论应用于实践,并验证其正确性。

2. 了解和体验表达与交流的常用形式和基本方法,能通过科普小报的形式交流研究成果,能对研究过程和结果进行评议,并通过信息发布会与他人交换意见。

3. 会写完整的调查报告和格式较为规范的科学小论文,能围绕一定的主题进行表达与交流。

4. 亲历实验研究的过程,利用实验的方法研究生活中的实际问题,能应用所学知识和技能,尝试进行设计、制作,解决实际问题。

第三部分 学科课程框架

我校"趣美科学"课程内容涵盖 6 个年级,分 12 个学期进行细化。

一、学科课程结构

小学科学学科采用以科学知识为经线,以科学探究为纬线的双主线结构,经线纬线相互交织。在科学知识的经线上,通过合理安排学段目标,有计划、有步骤、分层次地完成 18 个主要概念,即 75 个学习内容的学习,循序渐进、螺旋上升,为学生形成初步的科学知识体系奠定基础;在科学探究的纬线上,1—2 年级以感知科学为主题、3—4 年级以认知科学为主题、5—6 年级以探索科学为主题,每个学段都经历了一次科学探究全部要素的落实和强化训练的循环过程。不同年级段,对科学探究要素的培养有不同的侧重。

依据小学科学学科课程标准,围绕小学科学学科核心素养,结合我校"美之约"课程,以国家课程为依托,构建四大类课程:趣美生物园、趣美物探园、趣美探宇宙、趣美梦工坊课程。"趣美科学"课程结构图如下,见图1:

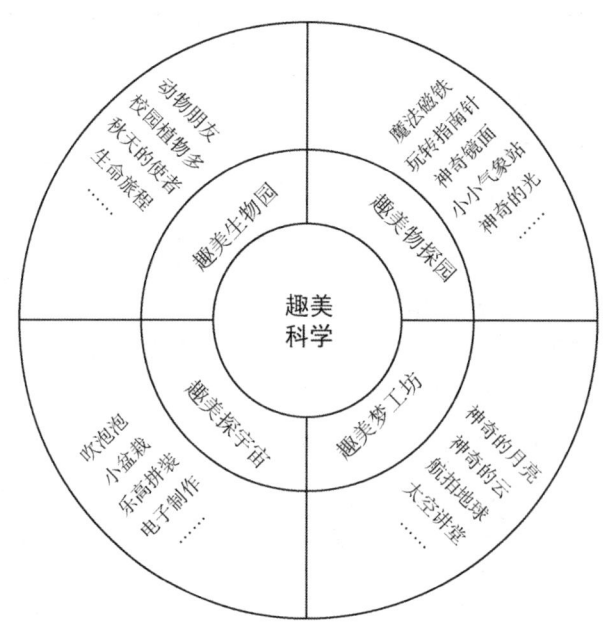

图1 工人第一新村小学"趣美科学"课程结构图

(一) 趣美生物园

大自然是科学的载体,是科学研究的主要对象。我们开设"趣美生物园"课程,唤醒孩子对自然现象的好奇,指导孩子走进博大的生物世界,记录信息、处理信息、交流信息,在孩子们心中将科学与生命有趣链接。

(二) 趣美物探园

科学是一种人文成果的不断丰富和积累,过去的成果记录在诗词歌赋、专著典籍、散文故事当中;正在形成的成果往往出现在电视、广播、网络媒体及报刊中。我们开设"趣美物探园"课程,设计"科技改变生活 创新引领未来"主题版面和阅读书架,启发孩子进行广泛的科普阅读,随着阅读去探索,在读的基础上顺应小学生爱玩儿的天性,在玩儿中走进神奇的物质世界,体验感知物体的特征与变化。

(三)趣美探宇宙

地球与宇宙的科学与我们朝夕相伴,我们带领孩子在昼夜交替、四季更迭等司空见惯的自然情境中,走进神秘的宇宙世界,感受人与地球、人与宇宙的关系,关注人类探索宇宙的新成果,唤醒孩子们对地球与宇宙的好奇,感受探索的美好。

(四)趣美梦工坊

科学的趣味在创造,科学的美好在创造。我们开设"趣美梦工坊"课程,指导学生在做中学,像科学家一样做研究、搞创新,利用各种媒介进行设计制作,感受工程与技术的奇趣与美好。

二、学科课程设置

"趣美科学"课程群以大象版科学教材为依托,开设趣美生物园、趣美物探园、趣美探宇宙、趣美梦工坊等系列课程,引导孩子学习生活中的科学。"趣美科学"拓展课程设置如下表(见表1):

表1 工人第一新村小学"趣美科学"拓展课程设置表

学段\课程	趣美生物园	趣美物探园	趣美探宇宙	趣美梦工坊
一上	动物朋友	魔法磁铁	借助太阳辨方向	吹泡泡
一下	校园植物多	空气大炮	神奇的月亮	小盆栽
二上	动物趣事	玩转指南针	天气播报	搭建游乐园
二下	动物乐园	玩转风车	我爱湿地	趣美磁力秀
三上	草地里的生命	神奇镜面	神奇的云	乐高好玩
三下	恐龙时代	学用酒精灯	航拍地球	乐高拼装
四上	秋天的使者	叶贴画	趣味小实验	电子制作
四下	自然法庭	神奇太阳能	自由飞翔	电子制作
五上	生命旅程	撬动地球	太空讲堂	电子制作
五下	春天的生物	小小气象站	神奇的气象	电子制作
六上	我长大了	神奇的光	探月行动	趣味编程
六下	植物名片	垃圾分类	绿水青山	机器人

第四部分　学科课程实施

"趣美科学"主张在生活中学习科学,应用科学。课程将从实施"趣美课堂"、丰富科学实践、举办"趣美科博会"、推行智能学习、组建"科学探索号社团"等路径进行实施。

一、实施"趣美课堂",让美好随课而生

"趣美课堂"是基于真实问题情境的课堂;"趣美课堂"是以学生自主学习为主的课堂;"趣美课堂"是以实践探究为主的课堂;"趣美课堂"是多元评价的课堂。"趣美课堂"通过"以趣为途径、以美为目标",努力达到效果好、效率高、参与面广的教学效果。

"趣美课堂"聚焦生活中的真实问题,采用五个环节的教学模式:

第一环节:唤醒旧知。围绕学生提出的真实问题,指导孩子回顾与该问题联系紧密的已有知识与经验,为知识迁移作好铺垫。

第二环节:示证新知。以故事、游戏、实验、互联网、图片等方式呈现科学现象,引导孩子们通过观察讨论等形式发现问题、提出疑问、作出猜测,揭示出本节课要学习和研究的问题,明确学习目标。

第三环节:研究新知。引导孩子通过查阅资料、实验探究等多种方法展开研究,在合作探究、自主交流、成果分享等活动中学习新的知识。

第四环节:运用新知。运用新学习的知识解释自然现象、揭示自然规律、分析现象成因,进行创新设计。

第五环节:融会贯通。把新学习的知识与生活连通,透过一种现象知道另一类现象,从而解决与之相关的多种生活问题。

(一)"趣美课堂"的实施策略

"趣美课堂"的实施主要通过备课、上课、研讨三方面进行。

个人备课,集体教研。教师要上好一节课必然要进行充分的备课,包括备教材、备

学生、备教法,构建课程完整框架,整理教学思路。同时,一节好课也离不开教研组的群体智慧,利用教研时间,进行共备一节课或共备一课型教研活动,针对教师个人的教学设计、教学思路进行分析、评价、建议。

课堂观察,真实呈现。教学设计只是教学的一种预设,而学生是独立的个体,学生的思想不以教师的意志为转移,真实的课堂必然是动态的课堂。一节课是否达标,是要从真实的课堂观察中判断的。我们设立了教师自评与教研组听课相结合的课堂观察模式,设置了课堂评价量表,针对课程的目标、内容、过程等进行评价并反思。

评价反思,评优改差。一节课的完成并不止步于课上完了,还在于课的评价与改进。我们要求教师要注重自我反思评价,每节课都要有教学反思并应用于日后的课堂教学中。教研组对于课堂的评价要及时,并提出可行性建议,全组共同设计好一节课,分享智慧成果。

(二)"趣美课堂"的评价要求

"趣美课堂"要体现准确、真实、有趣、规范、高效的特性。

准确性:确定学习目标要准确,要指向具体的核心素养;基于核心素养引导孩子学习之始聚焦的问题要准确;教师在指导学习时传授的知识要准确。

真实性:要为学生提供真实的生活情景;生生互动、师生互动要实打实,具有真实的学习经历;教师对学生的评价要发自内心,恰当贴切。

有趣性:学生要对探究的问题充满好奇心,将好奇心转化为学习兴趣;整个学习过程中学生充满乐趣——乐思、乐探、乐分享。

规范性:学生探究的过程符合科学学科的学习规律,让学生亲历从提出问题到猜想假设、搜集事实与证据、处理信息并得出结论的过程;指导学生进行实验操作的程序要规范,学会规范使用教学仪器和实验仪器。

高效性:教学时间分配要合理,要紧扣目标,重点突出,层次分明;学生全体参与学习过程,参与互动的人数达到三分之一以上,课后测评合格率高。综合以上评价要求,设计"趣美课堂"评价表如下(见表2):

表2 工人第一新村小学"趣美课堂"评价表

"趣美课堂"评价项目			评价等级		
^	^	^	好	中	差
准确		1. 目标定位准确			
^		2. 问题聚焦准确			
^		3. 知识传授准确			
真实		4. 生活情景真实			
^		5. 学习互动真实			
^		6. 教学评价真实			
有趣		7. 学生感到好奇			
^		8. 学习充满乐趣			
规范		9. 探究过程规范			
^		10. 实验操作规范			
高效		11. 时间分配得当			
^		12. 目标达成度高			
总评		(取得9—12个"好"的总评为"好",取得5—8个"好"的总评为"中",取得1—4个"好"的总评为"差"。)			
建议					

"趣美课堂"以评价表为主要评价手段和依据,评价要求客观、真实有效。一是教研组和学科负责领导随机听课,课后组织教研、评课活动;二是教研组利用每周固定教研活动,针对一位教师的课堂情况进行分析、总结;三是教师自评,教师个人根据课堂情况填写评价量表,进行自我反思并做出改进。课堂评价为"好"的课堂将作为示范展示课进行再次磨课、展示。评价为"差"的课,责任领导和教研组长跟课改进,不断进行磨课、评课、再上课,直至评价等级为"中"及以上。

二、构建"趣美种植园",亲近生命之美

现代社会,学生对于基础知识的掌握已经不是难事,但是由于城市活动区域的限制、生活方式的差异,学生与真实世界有一段距离,比如有的学生甚至不认识每天吃的食物叫什么名字,生活经验匮乏。为此,我们对学校的空地进行了开发,开辟了一块"趣美种植园",专门实施生活教育,进行种植活动,以亲身体验种植活动,激发兴趣,深

化知识理解,学习生活技能。

(一) 课程实施策略

校园里开辟"趣美种植园",指导孩子们进行种植活动,亲身经历施肥、翻土、播种、管理、收获等过程,观察记录植物的生长过程。以此为依托,引导孩子开展家庭小种植、小养殖活动,唤醒好奇心,在生活中寻找科学,亲近生命之美。目前,学生已成功种植蒜苗、菠菜、生菜、黄心菜、薄荷、向日葵、冬青树、无花果、百日红、樱花、南天竹等作物,感受到了劳作和收获的喜悦。

(二) 课程评价要求

每班定期举行问题分享会,分享自己的小种植、小养殖经验,介绍自己的种植、养殖小妙招,交流自己发现的科学问题,对自己发现的问题进行解释,并介绍这种科学现象在生活中的应用,评出一、二、三等奖,颁发七色花荣誉奖章。一等奖获得者在全校科学大舞台上进行展示,并授予小小科学迷——科普之星。

三、开展"趣美研学",丰富课程实践之美

"纸上得来终觉浅,绝知此事要躬行",科学学习具有探究性和实践性的特点,学生的学习活动不能局限于课堂当中。研学活动是当前比较热门的一种探究性学习活动方式,是课堂学习的延伸和拓展,也是课堂学习的补充,更是为学生未来经历所做的"热身"。"趣美研学"是注重学生自主学习的课程,是引领学生感受自然美,体验科技美的课程。

(一) 课程实施策略

"趣美研学"的组织实施主要通过两大途径。一是以学校为组织单位,以一个年级或一个班为活动单位,统一进行研学,共同体验活动并相互研讨。二是家校结合,针对一些社会组织的活动,由家长带领学生进行研究学习和参观。

"趣美研学"活动范围广,涉及领域多。研学活动单位涉及图书馆、新华书店、电影院、科技馆、博物馆、动物园、植物园等人文、自然、科技场所。

当然,研学活动要做到"研有所获,学有所得"。研学活动后,学生通过小作文、研究报告、照片、视频、PPT等形式与其他同学交流研学感受。

(二) 课程评价要求

研学活动作为一门实践性课程,在评价时要注重学生主体性的发挥以及研究实践

的效果。评价要注意过程性评价与终结性评价相结合,包括对学生状态的观察,学习成果的评估。"趣美研学"评价量表如下(见表3):

表3 工人第一新村小学"趣美研学"评价量表

评价内容	评价标准	评价等级(好、中、差)
活动主题	1. 主题具有趣味性,学生乐于参与。	
	2. 主题具有教育性,有实际意义。	
	3. 主题具有审美性,陶冶情操。	
活动内容	4. 内容丰富、有趣。	
	5. 内容具有可操作性。	
	6. 内容具有创新性。	
活动组织	7. 组织计划具有周密性,精心策划。	
	8. 组织安全措施到位,责任分工。	
	9. 组织形式多样。	
活动效果	10. 学生参与积极性高。	
	11. 学生在过程中体验快乐。	
	12. 学生有学习成果。	
总评	(取得9—12个"好"的总评为"好",取得5—8个"好"的总评为"中",取得1—4个"好"的总评为"差"。)	
建议		

"趣美研学"活动建立档案袋,包含计划方案、过程照片、资料、学生研学作品等。研学进行两次评价,一次是研学活动实施前,研学组织单位上交计划方案,由课程委员会评审达标后予以施行。一次是研学活动后的整体评价,以评价量表为手段,以档案袋为评价内容,评价为差的研学活动将责令组织单位进行反思整改,暂停研学活动。

四、举办"趣美科博会",让美好积聚能量

学生的学习不仅需要活动与作业,也需要进行表达与交流。举办"趣美科博会"旨在为学生的学习成果展示搭建平台,给予学生学习的反馈,感受成功的喜悦,激发学生学习的兴趣,锻炼表达与交流的能力。

(一)课程实施策略

"趣美科博会"每年组织一次,成立由校领导、教师代表、家长代表、学生代表组成的筹委会,设置擂台区、体验区、项目展示区、产品交易区等,为孩子们提供一个展示自我的舞台,充分展示在"趣美课程"中的所学、所得、所悟,让奇趣与美好为孩子们的成长赋能。

(二)课程评价要求

"趣美科博会"为每个同学发放 10 枚七色花,交流学习时以七色花的形式为满意的参展项目投票,按获得七色花的多少评出若干名一、二、三等奖进行表彰奖励。"趣美科博会"评价量表如下(见表4):

表 4　工人第一新村小学"趣美科博会"评价量表

参展项目	获得七色花的数量	获奖等级

五、推行"智能学习",让美好紧跟时代

作为信息时代原住民的学生大多对手机爱不释手,而家长和老师则谈手机色变,拒绝让孩子带手机,原因是学生对手机的认识大多仅仅停留在玩游戏和聊天中,很多孩子因为玩游戏而荒废学业。"新版小学科学课程标准在科学、技术、社会与环境的目标中规定:初步了解在科学技术的研究与应用中,需要考虑伦理和道德的价值取向;热爱自然,珍爱生命,具有保护环境的意识和社会责任感。"[1]我们要争取家长的理解和支持,引导并教会师生科学使用智能手段,在科学课程的学习中先行一步。

---

[1] 吴建伟,周赐洁,孟延豹.用 APP 改变小学科学课堂教学方式[J].中国信息技术教育.2017 年.第 23 期

（一）课程实施策略

"智能学习"课程以多个现代化技术手段为依托，家校合作，让学生在课堂以外，也可以随时接受新知识。

实时投影仪：运用手机的功能，可以进行实时投影，不仅不受空间限制，还可以放大细节，操作起来很方便。

形色识花：走在绿树成荫的绿化带内，漫步大大小小的街角公园，时常被从未见过的树种、花卉所吸引，"这树叫什么名字？这是什么花？"好奇心何以满足？形色识花APP能够随时随处满足好奇者的需求，一秒就能识别植物。

4D书城：采用AR及三维实时渲染等世界最新技术的学习软件，可以将平面图像神奇变"活"！能够营造交互学习三维空间，带给孩子们前所未有的学习体验，寓教于乐，激发孩子想象力、强化认知记忆。可以让孩子亲身体验三维火箭的发射过程以及帮助孩子更好地学习太阳系、非洲大象、猎豹等科普知识。

MindLine：思维导图秉承极简设计的原则，根本不用繁琐操作和复杂界面，就能轻松构思、扩展想法与计划。点击分支上的"＋"号向左右两边扩张分支，长按分支上的文本弹出功能菜单，进行复制、剪切、删除、备注和标记等操作。制作好的导图导出为图片、PDF和html等多种格式，并随时分享给好友，实现不同设备上文件共享，并确保文件不会丢失。登录云空间还可以在线打开并编辑保存在云空间的导图。

（二）课程评价要求

每学期利用家长学校的机会组织一次"我的智能学习"经验分享会，请家长、学生、老师、专家做主讲，让智能学习深入人心，带领大家一起走进智能时代。

六、组建"趣美社团"，让美好随个性"张扬"

传统的课堂活动具有知识相同化、方式一体化的特点，对于学生的个性发展具有致命缺陷，不利于学生的个性化学习和教师的因材施教。为了补齐这块教育短板，我们立足课程标准，结合学校实际情况、教师能力、学生需求等因素，开设了多门"趣美社团"课程。

（一）课程实施策略

"趣美社团"以走班化的形式实施。采用线上报名和线下选拔的形式，在不同年级招募社团团员。根据学生的年龄特点和个性需求，我们设置了趣美磁力秀、趣美乐高、趣美电子、趣美编程、趣美航模、科学探索号等社团活动,引领孩子们在设计与搭建的过程中感悟工程与技术的奇趣与美好。

(二)课程评价

"趣美社团"是彰显学生个性的社团,在评价方面更加注重学生的表现,我们设置了学生评价表。从学生自评、小组互评、教师评价三方面来进行,评价的纬度统一呈现在评价表上。评价分为优秀、良好、合格三个等级。"趣美社团"学生综合评价表如下(见表5):

表5 工人第一新村小学"趣美社团"学生综合评价表

"_____社团"综合评价表

班级:　　　　姓名:

评价内容	评价方式		
	自我评价	小组互评	教师评价
课前准备			
学习态度			
观察与实验			
知识与能力			
表达与交流			
实验记录			
与人合作			
总评			

除了对学生的表现进行评价外,我们还对"趣美社团"本身的活动进展展开了评价,以监督社团活动的计划、组织、实施、结果。"趣美社团"活动实施评价量表如下(见表6):

表6 工人第一新村小学"趣美社团"活动实施评价量表

评价项目	具体内容	分值	得分
课程开发目的意义(20%)	(1)与国家地方课程的联系密切	3	
	(2)对学生各方面素质提高的意义	7	
	(3)课程宗旨的体现	5	
	(4)对学生技能培养和创新意识培养的意义	5	

(续表)

评价项目	具体内容	分值	得分
课程目标的确立（20%）	(1) 与校本课程目标是否相符	7	
	(2) 知识目标、能力目标和情感目标	6	
	(3) 考虑到学力分层的因素，贯彻因材施教的原则	7	
课程内容（40%）	(1) 内容组织得好，层次分明，教材框架清晰	10	
	(2) 内容方面科学、启发性强，突出能力	15	
	(3) 内容方面新科技、新观点、新教学思想含量高	15	
课程评价（20%）	评价可操作性强、方法科学，具有激励性和制约作用	20	
总分			
改进建议			

我们为"趣美社团"建立了社团资料档案袋，详细记录社团的课程计划、课程安排、课程过程性资料、学生评价表、学生作业展示等内容。每学期期末进行社团成果展示活动，评出优秀的社团。

七、开设"趣美讲座"，丰富课程内涵

科学学习是严谨的，不是泛泛而谈的。除了基于标准教科书的学习外，学生学习课外知识也同样需要专家进行引领。开设"趣美讲座"，邀请专家学者、优秀教师、学生代表、家长代表进行专题讲座和研讨，拓展科学知识，让学生接触到更多元的科学世界。

（一）课程实施策略

"趣美讲座"的演讲主体多元化。我们邀请了南方科技大学吴岩教授、科幻小说《奇迹之夏》作者马传思为学生带来科幻小说中的科学故事专题讲座，激发学生的科学兴趣，鼓励学生进行大胆幻想，为创新注入活力。除此之外，我们也重视利用身边资源，例如，优秀教师、有科学知识背景的家长。我们还鼓励学生自发进行讲座交流，在以《流浪地球》为主题的交流活动中，学生针对小说和电影中的科学元素进行了介绍和分析，带来了一堂生动的科普微课堂。

（二）课程评价要求

"趣美讲座"的评价要考虑讲座的主题是否符合科学发展趋势，内容是否有趣等

要素。

1. 讲座主题鲜明,符合科学发展潮流,主题具有趣味性。
2. 讲座内容丰富有趣,能够激发学生的好奇心与求知欲。
3. 讲座中活动形式多样,注重学生互动。
4. 学生参与度高,争相提问,踊跃发言,发表自己的见解。
5. 讲座组织严密,安排合理。

(撰稿人:张悦　张仁杰　王音)

探趣科学：兴趣之光点亮科学探究之路

郑州市金水区优胜路小学科学教研组，现有教师6名，其中有金水区教学新秀1人，师资队伍优良，结构合理。教研组秉持"兴趣之光点亮科学探究之路"的科学课程理念，充分发挥团队合力。教研组认真开展教研活动和备课活动，积极参加各类教科研活动，认真开展听课、说课、磨课活动，以教研组为单位开展教学研究，带动教研组所有教师共同发展。教研组教师多次组织并带领学生在省、市级科技创新大赛及创客类活动中获得优异的成绩。科学教研组每位教师的教学风格都各具特色，课堂教学深受学生喜爱。

第一部分　学科课程哲学

基于课程标准的相关要求以及学科开展实际情况，制定了学校"探趣科学"课程学科性质观以及学科课程理念。

一、学科性质观

《义务教育小学科学课程标准（2017年版）》指出："小学科学课程要按照立德树人的要求培养小学生的科学素养，为他们的继续学习和终身发展打好基础。"[1]基于这种认识，我们认为科学课程的核心价值是培养小学生的科学素养，使之具备基础的科学知识，发展科学思维和能力。

《义务教育小学科学课程标准（2017年版）》指出，小学科学课程的性质为基础性、实践性和综合性。

小学科学的基础性的重要意义在于"早期的科学教育对于一个人的科学素养的形

---

[1] 中华人民共和国教育部制定. 义务教育小学科学课程标准（2017年版）[S]. 北京：北京师范大学出版社. 2017. P.1

成具有十分重要的作用"。① 我们认为,基础性特点表现有三点:一是学生初步了解基本的科学知识,小学阶段的科学知识涉及物质科学、生命科学、地球与宇宙科学、技术与工程四个领域,且知识难度符合小学生的年龄特点和认知水平,可为学生初步了解科学世界打下良好的基础;二是培养学生基本的科学学习方法如观察、比较、分析等,并能够利用科学知识和科学技能去理解身边的科学现象并解决一些实际问题;三是培养学生的科学思维和意识,小学科学课程以学生的好奇心和求知欲为基础,逐步在学习过程中培养学生的科学思维,树立正确的科学态度。总之,小学阶段的科学学习可"为今后的学习,生活以及终身发展奠定良好的基础。"②

小学科学课程是一门实践性课程。小学科学课程强调在"做中学"的过程中,培养学生的科学思维能力,提出要将探究活动作为学生学习科学的重要方式。探究性学习是在教师指导下,学生自己动手动脑,获取知识经验和能力的学习方法,不仅符合科学知识的探索发现过程,同时也有利于提高学生的学习兴趣,保护学生的好奇心,提高探究能力,树立正确的科学价值观。

小学科学是一门综合性课程。小学科学内容丰富,涉及物理、生物、地理、现代科技等学科,同时强调与其他学科相互渗透,以此加深学生对知识的理解程度,促进学生全面发展。

小学阶段的学生对世界的科学认识还非常浅薄,对现实生活中的科学现象充满着好奇和兴趣,他们对世界存在着很强烈的探索欲望。我们认为,小学科学课程就应该从学生感兴趣的内容出发,充实知识内容,引导学生主动探究,为学生构建一个有趣的科学课程体系。

总之,我们认为"探趣科学"应是促使学生掌握基础知识,发展能力,其范围广泛,内容有趣,是以探究实践活动为主要开展形式的课程。

---

① 中华人民共和国教育部制定.义务教育小学科学课程标准(2017年版)[S].北京:北京师范大学出版社.2017.P.1
② 中华人民共和国教育部制定.义务教育小学科学课程标准(2017年版)[S].北京:北京师范大学出版社.2017.P.2

二、学科课程理念

《义务教育小学科学课程标准(2017年版)》指出小学科学课程的理念包括面向全体学生、倡导探究式学习、保护学生的好奇心和求知欲、突出学生的主体地位四方面。依据《义务教育小学科学课程标准(2017年版)》主要内容,立足于儿童的年龄特征和认知水平,我们将"探趣科学"学科理念定位为"兴趣之光点亮科学探究之路"。我们认为科学学习应该基于学生的学习兴趣,要引导学生在主动探究中学习,在探究中发现科学知识,了解科学方法,把握科学规律,形成正确的科学态度与价值观。

"探"是指以探究活动为主要的学习形式,培养学生主动探究,乐于探究,勇于探究的态度,突显学生的主体地位。

"趣"一方面是指科学学习的内容应该是有趣的而不是枯燥无味的,另一方面是强调学生的学习兴趣对于科学学习的重要性,并在激发学生学习兴趣的基础上,唤醒学生的潜能,让学生自然地生长,尽可能地促进学生禀赋的发展。

1. "探趣科学"是生活化的课程。科学不是高高在上的晦涩难懂的知识,科学与生活密切相关,我们从生活中发现科学问题,并将科技成果用于改善生活。科学教育的关键就在于培养学生在真实的生活情境中用科学解决问题的能力。《义务教育小学科学课程标准(2017年版)》强调:从学生熟悉的日常生活出发。[①] 因此,科学教育应基于学生的年龄特点和认知水平,设置问题情境,引导学生主动探究,在生活中发现问题,并尝试解决问题。

2. "探趣科学"是基于学生学习兴趣和好奇心的课程。卡文曾经说过:"每个孩子在他们幼年的时候都是科学家,因为每个孩子都和科学家一样,对自然界的奇观满怀好奇和敬畏。"好奇心和兴趣是人主动学习的基础,是引发探究的导火索,是问题意识的根源,是学生学习的动力和内驱力,是学生创造力的源泉。"探趣科学"是以学生为中心,依托基础课程设置探究性活动,以学习兴趣为生长点,向外延伸的课程。我们希望,让探索的欲望和学习兴趣伴随学生学习始终。基于此,我们将"探趣科学"的理念确定为"兴趣之光点亮科学探究之路"。

[①] 中华人民共和国教育部制定.义务教育小学科学课程标准(2017年版)[S].北京:北京师范大学出版社.2017.P.2

3. "探趣科学"是学生乐于探究、主动学习的课程。科学学习要以探究式学习为中心。探究是科学学习的主要方式,探究能力的发展是科学学习的主要目标。前苏联教育家苏霍姆林斯基说过:"在每个人的心灵深处都有一种根深蒂固的需要,那就是希望自己是一个发现者、研究者、探索者。"、"探趣科学"课程根据学生年龄特点由浅入深培养学生的探究能力,设置探究活动,以培养学生的实践能力和创新精神。

我们期望,以课程理念为立足点,以学生的兴趣为出发点,引导学生去探索身边的科学,理解基本的科学知识,能够发现生活中的科学问题,并有能力用科学的方法去解决。学生在自身的不断实践中去直观地认识世界,发展必备的科学能力,树立正确的科学态度,学会与同伴交流与合作。

总之,"探趣科学"课程强调以学生为主体,激发学生的学习兴趣,保护学生的好奇心和求知欲。通过设置探究性学习活动,培养学生创新精神和实践能力,树立正确的科学精神和科学态度。

第二部分　学科课程目标

为了落实课程理念,指引课程的开发与实施,我们制定了"探趣科学"课程目标。

一、"探趣科学"课程总体目标

《义务教育小学科学课程标准(2017年版)》指出:"小学科学课程的总目标是培养学生的科学素养。"[1]同时也对科学素养做了解释,"科学素养是指了解必要的科学技术知识及其对社会与个人的影响,知道基本的科学方法,认识科学本质,树立科学思想,崇尚科学精神,并具备一定的运用它们处理实际问题、参与公共事务的能力。"[2]同时,课程标准也从"科学知识"、"科学探究"、"科学态度"、"科学、技术、社会与环境"四

---

[1] 中华人民共和国教育部制定.义务教育小学科学课程标准(2017年版)[S].北京:北京师范大学出版社.2017.P.6

[2] 中华人民共和国教育部制定.义务教育小学科学课程标准(2017年版)[S].北京:北京师范大学出版社.2017.P.1

个方面对小学科学课程目标做了具体划分。

基于课程标准以及"探趣科学"的课程理念,我们将"探趣科学"课程的总体目标制定为"学科学,爱科学,用科学",并从"科学观念与应用、科学探究与交流、科学态度与责任以及科学技术与社会"四个方面做了阐述。

科学观念与应用目标:"探趣科学"课程涵盖物质科学、生命科学、地球与宇宙科学、技术与工程四大领域的知识,学生在"探趣科学"课程中学习基础的科学知识,对科学世界形成基本的认知,了解到科学知识与生活密切相关,并能将科学知识应用于生活中。

科学探究与交流目标:通过一系列的科学学习活动,学生认识到探究是科学学习的主要途径与有效手段,乐于探究周边的事物,掌握科学的探究方法,培养逻辑思维与抽象思维,并在探究活动中锻炼交流与表达的能力。

科学态度与责任目标:对周边的科学现象充满兴趣与求知欲,乐于参加科学活动,对科学结论持客观的态度,能和他人合作交流。

科学技术与社会目标:了解所学的科学知识在日常生活中的应用,知道科学技术的进步与社会的发展相辅相成,对于科技的发展有正确的认识。

二、"探趣科学"课程学段目标

由于各个学段学生的年龄特点与认知水平存在差异,对于学生的科学学习应该达到的水平也有不同要求,我们将"探趣科学"课程总目标细化到了各个学段,以保证课程目标落到实处,真正贴合学生的现实状况。各个学段的课程目标见下表(表1)。

表1　优胜路小学"探趣科学"课程学段目标表

年级	课程目标			
	科学观念与应用	科学探究与交流	科学态度与责任	科学技术与社会
一、二年级	1. 观察物体的基本特征。 2. 认识周边常见的动物和植物。 3. 了解宇宙科学的基本常识。 4. 认识身边的人工世界,了解常见的工具。	1. 能从生活中找到感兴趣的问题。 2. 能作出简单猜想。 3. 知道探究活动需要制订计划。 4. 能够用简单的语言表述自己的思想。 5. 具有与同伴合作、交流的意识。	1. 能对生活中的科学现象展现求知欲和好奇心。 2. 能根据事实描述现象。 3. 乐于表达的自己的想法且具有倾听的品质。	1. 了解生活与科技的密切关系。 2. 具有保护环境的意识。

(续表)

年级	课程目标			
	科学观念与应用	科学探究与交流	科学态度与责任	科学技术与社会
三、四年级	1. 认识不同力的作用，了解不同形式的能量。 2. 初步了解动植物的构造，进一步了解生命的特征。 3. 知道太阳、地球、月球的运动特征，以及对人类社会的影响。 4. 知道工具制作与使用对于人工世界制造的重要性。	1. 在对现象与事物的观察中提出可探究的科学问题。 2. 能够基于事实，提出有理有据的假设。 3. 能制订简单的探究计划。 4. 能够客观理性分析实验现象，能用多种方式表述实验结果。 5. 能够倾听他人意见，做出反思并改进。	1. 能够将对事物的兴趣转变为科学探究问题。 2. 具有理性分析的思维。 3. 能分工协作，进行多人合作的探究学习。	1. 了解科学技术对人类生活方式和思维方式的影响。 2. 认识到人类对世界的改造与科技发展相辅相成。 3. 能够切实参与环境保护的活动。
五、六年级	1. 初步了解常见的物质变化。 2. 初步认识人体的主要生命活动和人体健康。 3. 知道太阳系的基本常识，了解地球自转与公转对人类的影响。	1. 能够提出更加具有深度的科学问题。 2. 能制订比较完整的探究计划，学会使用控制变量法设计实验。 3. 能利用多种方式获取信息并进行整理分析。 4. 能采用不同的表述方式展现结果。	1. 能够尊重事实证据，坚持正确观点改正错误。 2. 能大胆质疑，敢于挑战权威。 3. 能听取别人的批评意见，进行反思并调整自己的探究方式。	1. 了解科学技术可以减少自然灾害对人类生活的影响。 2. 认识到人类、动植物、环境的相互影响。

第三部分 学科课程框架

综合学科特点、学生认知、学校与社会资源等因素，围绕学生科学素养的养成，我们开发了"探趣科学"课程群。"探趣科学"课程围绕科学领域的核心概念构建学生的认知体系，为学生的科学学习提供了更多的个性化方案，在探究活动中培养学生质疑、思考、实践的能力，形成正确的科学态度和情感价值观。

一、学科课程结构

基于《义务教育小学科学课程标准（2017年版）》以及学科课程目标，"探趣科学"

课程围绕"物质科学、生命科学、地球与宇宙科学、技术与工程"四大领域分别对应设置了"多彩物质、律动生命、神秘宇宙、百变科技"四门课程。

多彩物质：使学生通过探究性活动，感受丰富多彩的物质及其变化，认识到世界是由多彩的物质所组成的，增强学生对于物质世界的好奇心。

律动生命：使学生通过对动植物的观察研究，体悟生命的伟大与丰富，感受人与自然的和谐相处。

神秘宇宙：增加学生对于地球家园的认识，主动探索地球与其他宇宙天体的联系、区别，提高学生对于探索宇宙的热情，使学生初步形成对世界的宏观认识。

百变科技：使学生认识到科技与人类社会发展的必然联系，通过动手操作、实践探究，将科学知识应用于生活中。

以下为"探趣科学"课程结构图（见图1）。

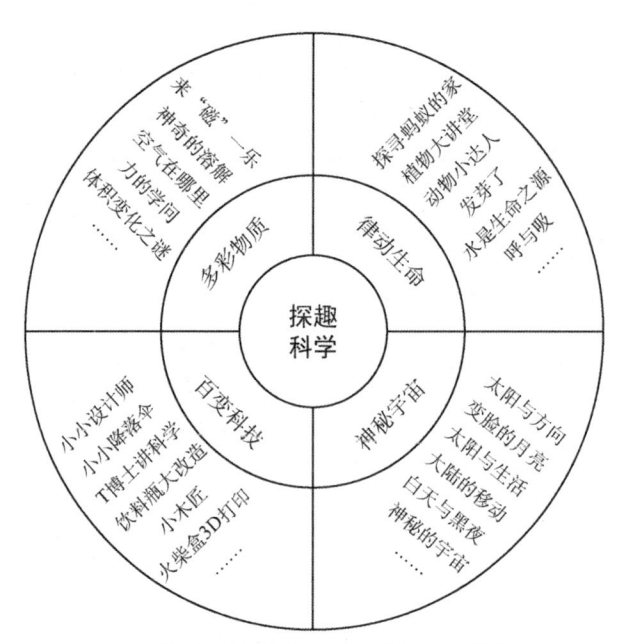

图1 优胜路小学"探趣科学"课程结构图

三、课程设置

"探趣科学"课程以国家课程为基础，本校依托学校特色资源、教师、学生及其他社会资源,开发了多门拓展性课程,设置具体如下表(见表2)。

表2 优胜路小学"探趣科学"拓展性课程设置表

实施年级		课程板块				课程资源
		多彩物质	律动生命	神秘宇宙	百变科技	
一年级	上册	1. "豆"你玩 2. 厨房大探秘 3. 五彩泡泡堂 4. 来"磁"一乐	1. 探寻蚂蚁的家 2. 走进大自然研学之旅	1. 太阳与方向		1. 家庭资源 2. 公园、植物园、动物园等社会资源 3. 实验室资源
	下册	1. 神奇的"溶解" 2. 七彩风车节 3. 空气在哪里	1. 植物大讲堂 2. 种植节	1. 变脸的月亮 2. 太阳与生活		1. 家庭资源 2. "开心农场"和"美优花园"校园环境资源 3. 实验室资源
二年级	上册	1. 探秘磁铁	1. 动物小达人 2. 动物节 3. 走进大自然研学之旅		1. 小小设计师	1. 家庭资源 2. 公园、植物园、动物园等社会资源 3. 实验室资源
	下册	1. 力的学问	1. 寻找四季		1. 手工造纸 2. 制造小船 3. 制作小弓箭	1. 家庭资源 2. 公园、植物园、动物园等社会资源
三年级	上册	1. "五官兄弟"游乐场	1. 观察土壤的发现 2. 发芽了 3. 观鸟趣闻		1. 小小降落伞 2. 科技之旅 3. T博士讲科学	1. "开心农场"和"美优花园"校园环境资源 2. 科技馆、博物馆等社会资源 3. 实验室资源
	下册	1. 风是我们的朋友 2. 磁铁游戏 3. 谁主沉浮	1. 收获节	1. 大陆的移动 2. 白天与黑夜	1. T博士讲科学	1. "开心农场"和"美优花园"校园环境资源 2. 科技馆、博物馆等社会资源 3. 互联网信息资源 4. 实验室资源

(续表)

实施年级		课程板块				课程资源
		多彩物质	律动生命	神秘宇宙	百变科技	
四年级	上册		1. 水是生命之源 2. 动力哪里来 3. 动物大转盘 4. 环保节	1. 神秘的宇宙	1. 饮料瓶大改造 2. 科技之旅 3. 小木匠	1. 科技馆、博物馆等社会资源 2. 互联网信息资源 3. 实验室资源
	下册	1. 跳动的火苗 2. 机械总动员	1. 植物朋友 2. 呼与吸		1. 小木匠	1. "开心农场"和"美优花园"校园环境资源 2. 互联网信息资源 3. 实验室资源
五年级	上册	1. 时间都去哪了 2. 游乐场的秘密 3. 体积变化之谜	1. 食物知多少	1. 宇宙的奥秘	1. 火柴盒3D打印 2. 走进河南制造	1. 企业、工厂等社会资源 2. 互联网信息资源 3. 实验室资源
	下册	1. 电动玩具大揭秘	1. 难忘的春天 2. 我像谁 3. 天气预报员 4. 微观世界		1. 火柴盒3D打印	1. 企业、工厂等社会资源 2. 互联网信息资源 3. 实验室资源 4. 公园、植物园、动物园等社会资源
六年级	上册	1. 乐器演奏会 2. 神奇的光	1. 植物角 2. 生活与科学 3. 阳光小屋 4. 健康小卫士		1. 走进河南制造 2. 无线电小制作	1. 企业、工厂等社会资源 2. 互联网信息资源 3. 实验室资源 4. 公园、植物园、动物园等社会资源
	下册		1. 祖先的足迹 2. 绿色社区 3. 养护金鱼		1. 钻木取火 2. 雨具大改造 3. 无线电小制作	1. 社区等社会资源 2. 互联网信息资源 3. 实验室资源 4. 公园、植物园、动物园等社会资源

总之,"探趣科学"课程设置以《义务教育小学科学课程标准(2017年版)》为依据,

依托基础性课程,结合学生年龄特征和个性特点,积极开发拓展性课程,以激发学生的科学学习兴趣,提高学生的科学认知水平和能力。

第四部分 学科课程实施

培养学生的科学核心素养是科学课程的宗旨,也是科学课程实施的最高准则。科学学科的核心素养包括科学观念与应用、科学思维与创新、科学探究与交流、科学态度与责任等四个方面。《义务教育小学科学课程标准(2017年版)》中还指出"科学素养的形成是长期的,只有通过连贯、进阶的科学学习与躬行实践才能达成"。[①] 这要求科学课程的教学要在多个空间,不同时间,以多种方式进行,以此全面培养学生的核心素养。

教学和评价是科学课程实施的两个重要环节,相辅相成。评价既是对教学效果的有效监测,也贯穿于教学当中。课程评价应包含对于课程计划、课程目标、教学情况、学习情况、学习效果等的评价。评价还必须做到主体多元,比如学生自评、组员互评、家长评价等。评价方式也要多样,尤其是在科学学习中要注重评价学生在活动、实验中的表现。

在"兴趣之光点亮科学探究之路"的课程理念引领下,依据学科课程标准和学生兴趣,我们设置了"探趣课堂"、"探趣社团"、"探趣节日"、"探趣研学"、"探趣小课题"五种课程形式来实施"探趣科学"课程。

一、建构"探趣课堂",牢固课程根基

课堂是教育教学的主阵地,也是学生获得知识的主要途径。在有限的时间和空间内,创设学习情境,激发学生的学习兴趣,使学生获取科学知识,提高科学探究能力,是"探趣课堂"的目标。"探趣课堂"是贴近生活,以兴趣为导向,充满探究性的课堂。

[①] 中华人民共和国教育部制定. 义务教育小学科学课程标准(2017年版)[S].北京:北京师范大学出版社.2017. P.59

"探趣课堂"坚持以学生为主体。根据《义务教育小学科学课程标准(2017年版)》精神,要充分突出学生的主体地位,必须让学生成为课堂活动的实践者。科学作为一门探究性很强的学科,必须以学生为活动主体,引导学生主动探究,在探究中发现知识的真理,在过程中获得探究的能力和科学的思维方法。

"探趣课堂"是贴近生活的课堂。科学学习的知识来源于生活的方方面面,科学学习的成果又将运用于生活当中。"探趣课堂"的学习内容是与生活密切联系的,教师也应注重生活情境的创设,将学习空间向丰富的生活延伸。

"探趣课堂"是注重探究活动的课堂。《义务教育小学科学课程标准(2017年版)》明确指出科学学习要以探究为核心,创新为发展。探究是学生获得知识的重要途径,让学生掌握科学的探究方法,提高科学探究的能力,就显得尤为重要。科学课堂中,无论是讲授课还是实验课,都必须要有学生独立探究的过程存在,由于科学学科的特殊性,需要学生运用分析推理、总结归纳等方法,也要注重在探究过程中培养这种能力和思维方法。

"探趣课堂"是以兴趣为导向的课堂。教育家孔子说:"知之者不如好之者,好之者不如乐之者。"兴趣可以说是学生学习的动力,是引导学生进入知识宫殿的向导。在"探趣课堂"中,教师灵活选用多种方法,不断激发与保持学生的兴趣,促使学生主动获取知识,将兴趣由点及面扩展开来。

(一)"探趣课堂"的实践操作

建立以科学教研组为核心的"探趣科学"课程团队,作为保障实施的抓手,教研组教师汇智凝思,群策群力,全组通力合作打造"探趣课堂",保障"探趣课堂"的实施。

科学教研组在学科领导以及教研组长的带领下经常开展教研活动,从课程标准解读、课程纲要分享、课程理念明晰、课程设计研讨等活动对开展的课程进行分析,共享教学智慧。

科学教研组积极开展随堂课、达标课、示范课等多水平课堂观摩活动,追踪课堂真实情况,以优课为示范引领,反复磨课、观课,推进课堂品质提升。

(二)"探趣课堂"的评价要求

为检测"探趣课堂"的进展情况及达成效果,以评促教,特制定了"探趣课堂"评价表。(见表3)

表3 优胜路小学"探趣课堂"评价表

	"探趣课堂"评价表						
	学科		班级		授课时间	授课地点	等级
	执教者		课题				
rowspan="4"	基础性评价	教学目标	colspan="6"	1. 学习目标紧扣课标和年段要求,体现科学学科基础性、综合性、实践性的特点。 2. 目标贴合学生学情。 3. 学习目标表述能将"三维目标"有机渗透融合,具体、明确,可操作、可检测,直指科学核心素养。	
	教学内容		设计结构合理,环节清晰,重难点突出,联系生活科学,充分发挥学生的自主性。	
	rowspan="2"	活动表现	colspan="6"	A 教师表现 1. 教师语言规范准确,实验操作规范科学,引导自然恰当,指导有效到位,无知识性错误。教师非语言行为有利于教学。 2. 教师提问有效,理答及时,对学生的发言认真倾听,纠正学生模糊或错误的认识,肯定精彩之处,对课堂生成能准确把握及时引导并参与到学生探究活动中。 3. 教学材料的选择典型有效,材料的数量充足,材料呈现时机自然恰当,多媒体的使用能有效帮助学生探究、理解。 4. 尊重学生的心理需求,尽可能照顾到学生的个性差异,促使其能进行知识意义的主动建构。 5. 根据学生学习方式创设恰当的问题情境,鼓励学生有效参与教学过程。创设好宽松、民主、融洽的教学氛围,指导学生灵活运用各种行之有效的学习方法,体验学习过程。	
			B 学生主体 1. 学生学习状态积极主动,情绪饱满,敢于发言,质疑有根据,有所发现,能用自己擅长的方式表达。 2. 在小组活动中,愿意合作交流,每个学生都能承担探究任务,积极参与到小组合作探究中。在合作的同时,有自己的独立思考。 3. 探究活动中,学生猜想有根据,探究方法灵活多样,方案严谨,观察细致,记录客观。 4. 学生能够根据客观事实进行恰当评价,勇于修正与完善自己的观点。 5. 学生有良好的科学学习习惯,学生思维发展脉络清晰。	
	特色性评价	colspan="6"	设计符合不同课型的教学活动,突出"探趣科学"的核心要素。	
	教学效果	colspan="6"	基本实现教学目标,课堂中(1)学习的主动性;(2)有效的互动性;(3)过程的探究性;(4)知识的理解性;(5)良好组织性等充分体现,科学学科关键能力和学科品质基本得到落实。	
	本课亮点	colspan="3"			独特感受	

我校以教研组为评课单位，建立详细的课程评价制度，切实保障课堂评价的有效性。每月进行课堂展示交流活动，教研组教师以及专家、领导参与评课，严格执行课堂评价标准，进行公平、公开的评选。建立课堂质量等级，分为优秀、达标、不合格等级，针对不合格的课，教研组再次进行集体备课以及反复磨课，直至达标。

二、结合"探趣节日"，丰富课程内涵

节日，是指生活中值得纪念的重要日子，是人们为适应生产和生活的需要而共同创造的一种文化。有仪式感的节日会给学生更多有趣的体验和回忆。设置科学学科的相关节日，就是在赋予科学学习一种仪式感，让学生在节日活动中充分体验学习科学的乐趣，激起学生主动探究科学的兴趣，使学生的各项能力获得进一步的发展。

"探趣节日"是充满生活气息的节日。生活中处处有科学，生活中处处需要利用科学。给予生活中的科学一种仪式感，会更加激起学生们的兴趣，提升对于科学学习重要性的认识。

"探趣节日"是富含趣味性的节日。节日应该是受到学生们欢迎的一种活动，趣味性的活动内容，有趣的组织形式都在拉近科学与学生之间的距离。

"探趣节日"是学生亲身体验的节日。"探趣节日"是为学生们量身打造的节日，节日活动内容和形式都强调突出学生的主体性，让学生们在参与中体验科学、体悟节日的内涵。

（一）"探趣节日"的实践操作

为丰富"探趣科学"课程内涵，我们设置了"种植节"、"环保节"、"收获节"、"动物节"、"七彩风车节"等"探趣节日"，具体安排见下表（表4）。

表4 优胜路小学"探趣节日"设置表

时间	年级	节日	主题	活动
四月	一年级	种植节	我是小农民	1. 在家种植一种植物 2. 照顾、观察、记录植物的生长过程
五月	四、五年级	环保节	我是环保小英雄	1. 垃圾分类我宣传 2. 节能减排我先行
十月	三、六年级	收获节	我是小富翁	1. 展示种植的硕果 2. 品尝果实 3. 分享种植时的经验

(续表)

时间	年级	节日	主题	活动
十一月	二年级	动物节	研究一种小动物	1. 我最喜欢的小动物 2. 饲养一种小动物
十二月	一年级	七彩风车节	我的风车	1. 制作我的七彩风车 2. 展示我的风车

家校合作,社会合力。"探趣节日"的实施应以学生为主体,教师发挥引导作用。建立学生、家庭、社会的多元实施主体。"探趣节日"的主题多样,内容丰富,包含动植物观察,科技环保调查、手工制作等内容,需要学生在不同情境中完成。实施地点涵盖教室、"开心农场"、"美优花园"、社区、动物园、植物园、家庭等。"探趣节日"持续时间以各节日具体内容和要求为依据,持续时间在一周至一个月之间。

(二)"探趣节日"的评价要求

节日开展的规范化与科学化是课程高效实施的基本保证,建立适用于"探趣节日"的评价要求,可以促进"探趣节日"的有效实施,真正激发学生的学习兴趣,提高探究能力。"探趣节日"评价标准如下表(见表5)。

表5 优胜路小学"探趣节日"评价表

评价指标	评 价 内 容	评价分值	建议
主题	1. 主题鲜明、立意新颖、寓意深刻 2. 主题具有时代性、科学性、针对性、实效性、教育性 3. 主题贴合学生年龄特点与认知水平		
目标	1. 目标明确,重点突出 2. 强调学生实践活动中能力的培养 3. 注重学生科学学习态度与科学精神的转变		
内容	1. 贴近学生实际生活、符合学生认知水平 2. 内容具有趣味性、科学性和探究性 3. 分出层次,突出重点		
实施	1. 实施形式多样、新颖 2. 面向全体学生,关注学生的个性和差异。 3. 注重师生互动、生生互动,学生参与面广,能充分体现学生主体、教师主导的新课程理念。 4. 活动设计有特色有创意,体现课程的实践性、综合性和趣味性		

(续表)

评价指标	评价内容	评价分值	建议
方式	1. 新颖、独特、多样，让学生充分展示自我。 2. 注重学生的感悟和体验。 3. 重视活动的群体性，要引导学生合作学习。 4. 能创设生动、活泼、有效的课堂氛围。		

"探趣节日"通过建立节日资料袋，收集学生活动内容、活动感受，以照片、视频、感悟体会等多种形式呈现。每学期期末进行节日成果展示，由包含家长、学生、教师、专家的多元团队进行评比，按照评价标准公平、公正地进行评分，评选出优、良等级。

三、做活"探趣研学"，活跃课程形式

古语云：读万卷书，不如行万里路。社会发展迅猛，在学校接受的信息已不足以让学生全面了解世界，必须采取"走出去"的研学活动，培育学生社会责任感，进一步提高创新精神和实践能力。研学活动是学校、家庭、社会通力合作的创新教育形式，是综合实践育人的有效途径。在"探趣研学"中，学生选择和确定研究主题，开展研究性学习，在观察、记录和思考中，主动获取知识，分析并解决问题。研学旅行引导学生走入社会，主动适应社会，促进学生将所学的书本知识和现实生活接轨。"探趣研学"是体悟美的过程，学生能从社会中、大自然中感受美的不同形式，包括自然美、道德美、责任美、科技美等，不断汲取成长的能量。

（一）"探趣研学"的实践操作

为丰富"探趣研学"课程，我们设置了如下研学活动，涵盖自然景观、科技制造等方面。课程设置见表6。

表6　优胜路小学"探趣研学"设置表

年级	主题	地点	活动
一、二年级	走进大自然	人民公园、昆虫馆、动物园	了解大自然、亲近大自然、热爱大自然
三、四年级	科技之旅	郑州市科技馆、郑州市气象馆、河南地质博物馆	感受科学的魅力、激发对科学的热爱
五、六年级	走进河南制造	三全食品厂、白象集团、宇通客车厂	感受身边的变化、融入社会

"探趣研学"活动的开展,是依赖于学校、家庭、社会的三位一体网络,以学校集体活动为主,家长陪伴、社会活动为辅,组织形式多样,包括各种参观、探究、考察活动。研学活动是一项长期的活动,以一学期为一阶段,活动时间保证1—2年级平均每月不少于1课时,3—6年级平均每月不少于2课时。

(二)"探趣研学"评价要求

1. 课程设计有依据。具有明确的研学目标、研学内容,且重点突出,层次分明。研学旅行课程体现出科学学科的综合性、趣味性和实践性。

2. 实施准备充分。做好实施准备,包括教师的具体规划、学生的习惯培养、学生的学习计划。

3. 实施安排有条理。课程的实施安排应具体化、条理化。

4. 实施安全有保障。在实施研学旅行计划时,一定要做好安全方案和应急预案,以确保研学活动的顺利进行。

四、打造"探趣社团",优化课程活动

现代智能理论认为,人的智力是多元的,人的智能发展是不均衡的。现代学生观强调,每个学生都有自身的独特性。在教学中教师要注意以学生为主体,做到因材施教,有的放矢。那么如何在班级授课制的教育环境下,最大限度地实现学生的个性化学习呢?我们发现,创建学习社团是一条有效途径。社团活动内容应丰富多彩,形式多样,社团活动的内容和形式都要围绕新时代对学生核心素养的要求展开。社团课程的实施应以实现学生的个性化学习,激发学生的求知欲,保护学生的好奇心,培养学生的创新精神和实践能力为目标。

(一)"探趣社团"的实践操作

在学校课程规划方案的指导下,结合学校学生年龄特点与个性特点,我们开发了"T博士讲科学"、"小木匠"、"火柴盒3D打印"、"无线电制作"等"探趣社团"。"探趣社团"的具体设置如下表(见表7)。

表7 优胜路小学"探趣社团"设置表

年级	社团
三年级	T博士讲科学

(续表)

年级	社团
四年级	小木匠
五年级	火柴盒3D打印
六年级	无线电小制作

每学年将会进行一次社团人员确定活动,学生依据兴趣选社团,教师核定人员,实行双向选择以确保社团活动的针对性。每周四下午为各社团活动的开展时间,每周不少于两课时。

(二)"探趣社团"评价要求

为规范社团发展,加强社团工作的制度化、规范化,使学生的个性化学习充分展开,充分调动学生的积极性,发挥学生的创造性,特制订"探趣社团"评价表(见表8)。每学期期末,学校组织社团展示活动,由学生、教师、家长进行评比,并结合平日社团情况与展示活动结果,进行总结评价。

表8 优胜路小学"探趣社团"评价表

项目	内容	得分	建议
社团机构与管理	1. 社团管理体制完善,机构设置合理,制定符合学生实际的社团建设实施方案。		
	2. 建立、健全并严格执行社团各项规章制度。		
	3. 社团会员人数适合,规模适度,成员资料档案齐全。		
	4. 指导教师认真负责。		
	5. 学生社团要突出学生的主体性和创造性,使学生在社团活动中自治自理、健康发展。		
	6. 社团活动空间固定,环境良好并有相应的文化建设。		
	7. 经常和定期开展社团活动,组织有序、记录完善。		
活动组织和开展	8. 社团活动内容丰富,形式多样,体现实践性和综合性,有利于培养和锻炼学生多方面的素质,培养学生科学观。		
	9. 社团成员或集体活动成果显著。		
	10. 活动取得良好的教育效果,在学生中有一定的影响。		

五、设定"探趣小课题",深化课程建设

学生对周围事物有与生俱来的探究兴趣,通过探究,学生思维的独立性与批判性

也不断提高,但由于没有系统研究的经验以及缺乏有效指导,学生对事物的研究往往是片面的、杂乱的。研究往往存在选题无意义、过程无计划、结论无依据等现象。设定"探趣小课题",指导学生开展小课题研究,开展深入的理论研究与广泛的实践探索,有利于培养学生的创新精神并提高实践能力。

(一)"探趣小课题"的实践操作

"探趣小课题"的运行模式为教师指导,学生自主研究。每学年初,学生自主组队提交课题立项申报书进行课题申报,由教师和优秀学生组成的"探趣小课题"课题审核组进行审核,每学年3—6年级各建立两个课题进行研究。在研究期间,指导教师给予学生系统的指导,包括研究内容的确立、研究方法的选择、研究过程的推进、研究结果的总结。课题组成员要及时上交中期报告、课题结项书作为评审依据。

(二)"探趣小课题"的评价要求

主要从过程性资料、中期报告、结题报告等方面对"探趣小课题"进行评价。评价分两次进行,一次是课题中期报告上交时的评审,不合格的小组将进行课题整改,严重者课题作废。一次是结项报告的审核,由课题审核组结合过程性和终结性评价对课题进行最终评价,推选出优质课题。具体评价表见表9。

表9 优胜路小学"探趣小课题"评价表

项目	内容	得分	建议
研究课题	选题具有前瞻性,符合发展趋势。		
	选题具有生活性、实践性,切合实际,能从现实生活中展开,并对生活有一定影响。		
	选题具有趣味性,符合学生年龄特点和认知水平,学生乐于探究。		
研究过程	研究有详实计划,且按照计划进行。		
	研究记录客观、实际。		
	团队成员合作良好,善于沟通。		
	研究方法正确有效。		
研究结果	研究结果真实可靠。		
	研究结果严谨。		
	研究结果有意义。		
总分			

总之,"探趣科学"课程以多途径展开,全面贯彻课程理念、落实课程目标,给学生提供更多的个性化课程方案,并注重及时评价,以评促教。

(撰稿人:张鑫　张涛　禹军)

第四章

在励新中发展智慧

　　皮亚杰说过:"教育的首要目标在于培养有能力创新的人,而不是重复前人所做的事情。"创新是科学教育联结未来的姿态,创新赋予科学教育强大的生命力,创新为儿童智慧的发展提供空间。创造力是创新人才的重要品格和能力,儿童创造力的发展是培养创新人才的关键。科学教育以创新为契机,发展儿童的智慧,引领儿童去发现生活的美好,探寻生命的价值,拥有创造幸福的能力,为儿童适应未来社会夯实基础。

乐趣科学：带儿童"卷入"科学探究

郑州市金水区文化路第一小学着眼于学生核心素养的发展，研究儿童视角下的学习方法，立足学科教学，优化学习策略，不断推进学科课程建设。我校科学教研组共有专职科学教师6人，其中拥有河南省中原名师1名、河南省骨干教师1名，还有3名教师在市级以上评优课或基本功大赛中获奖，教师素质优秀，年龄结构合理。现依据《义务教育小学科学课程标准（2017版）》等文件精神，制定我校科学学科课程建设方案。

第一部分　学科课程哲学

"乐趣科学"是郑州市金水区文化路第一小学科学教研组基于对儿童科学教学的深入思考以及对《义务教育小学科学课程标准（2017版）》的潜心研读，遵循我校"以文化人，知行合一"的校训，在学校"乐享教育"的文化生态之中，着眼学生发展基础而开发的科学课程体系。"乐趣科学"课程秉持以下课程哲学。

一、学科性质

"科学课程是一门基础性课程。"[1]"通过小学科学课程的学习，能够使学生体验科学探究的过程，初步了解与小学生认知水平相适应的一些基本的科学知识，初步学习科学方法，利用科学知识和方法解决生活中的简单问题，具有合作创新意识、批判意识、环境保护意识以及社会责任感，为其生活、学习及终身发展打下良好的基础。"[2]

"科学课程是一门实践性课程。"[3]"探究活动是学习科学的重要方式，从学生的现实生活出发，通过学生亲自体验动手动脑等实践活动，在实践中积累经验，提升科学能

---

[1] 中华人民共和国教育部. 义务教育小学科学课程标准（2017年版）[S]. 北京：北京师范大学出版社. 2017. P. 1

[2][3] 中华人民共和国教育部. 义务教育小学科学课程标准（2017年版）[S]. 北京：北京师范大学出版社. 2017. P. 2

力,培养科学态度。"①

"科学课程是一门综合性课程。"、"从学生日常生活现象出发,综合呈现科学知识和科学方法,重视科学内容和已有经验结合、书本知识和社会实践结合、了解自然和解决问题结合,致力于提高学生的综合能力。"②

二、学科课程理念

苏霍姆林斯基曾经说过:"在人的心里深处有一种根深蒂固的需要,就是希望自己是一个发现者、研究者、探索者。而在儿童的精神世界中,这种需要特别强烈。"因此,科学课程要从儿童的生活出发,带领孩子们发现并探索科学,体验科学探究过程、乐享科学之趣,在科学乐园中幸福成长。"乐趣科学"课程体系正是围绕此核心文化开发的系列课程,引领儿童"卷入"科学探究。本课程主张从生活出发,使儿童在好奇心的驱使下经历科学探究的基本过程,在学习科学、应用科学的过程中享受科学之趣,在尊重、温暖的友好环境里快乐成长。

"乐趣科学"是生活化的科学。科学并非神秘,科学就在身边,对于儿童而言,探究就是生活方式。"乐趣科学"就是要引领学生探索生活中的事物和现象中蕴含的科学原理,让他们既利用生活学习科学,又利用科学知识解决生活问题。

"乐趣科学"是关注探究的科学。科学课程标准明确指出:"探究式学习是学生学习科学的重要方式,亲身经历以探究为主的学习活动是学习科学的主要途径。"③"科学课程应给学生创造充分的科学探究机会,让他们像科学家那样进行科学探究,体验科学探究乐趣,提高科学探究能力,积累科学知识。"、"乐趣科学"通过让学生进行合作与探究学习,培养学生发现并提出问题的能力、分析问题与科学验证解决问题的能力,以及语言表达能力和团队合作能力等,进而提高学生的综合素养。

"乐趣科学"是激发兴趣的科学。小学生对外界有着天生的好奇心,而这种好奇心能转化为强烈的求知欲和积极的学习行为,是推动学习科学的内在动力。"乐趣科学"、"创设愉悦的学习情境,进而激发学生学习科学的兴趣,使学生持续保持对科学强烈的好奇心和求知欲,长期有效地学习科学。"

---

① 中华人民共和国教育部. 义务教育小学科学课程标准(2017年版)[S].北京: 北京师范大学出版社.2017.P.2
②③ 于凤林. 探索STEAM教育在小学教育中的实践与应用[J]. 基础教育参考. 2018年. 第24期

"乐趣科学"是促进思维的科学。"从学生已有知识与经验出发,充分利用学校、家庭、社区、科技场馆等各种资源,创设优良的学习环境,启发学生积极思考,促进思维的发展。课程学习过程中重视师生互动与生生互动,引导学生对所学知识、方法和技能等进行总结与反思,"关注学生思维的开放、独立、持续等品质的养成。

第二部分 学科课程目标

《义务教育小学科学课程标准(2017版)》指出:"小学科学课程的总目标:培养学生的科学素养,为学生终身发展奠定良好的基础。通过科学课程的学习,加强学生对自然的好奇心对自然的探究热情;认识和了解科学知识;体验科学探究的基本过程;培养学生良好的学习习惯,发展科学探究、学习、思维、实践和创新等能力,发展用科学语言与他人沟通和交流的能力;使学生形成乐于探究、尊重事实、共同合作的科学态度;了解社会、环境、科学和技术的关系,培养学生创新精神、保护环境的意识,树立社会责任感。"基于该目标描述,我校制定出如下"乐趣科学"课程目标。

一、学科课程总体目标

我校"乐趣科学"的总体目标包含以下四个方面。

(一)科学知识:大概念建构

通过对专家与新手头脑中知识的研究表明,专家头脑中的知识绝不仅仅是对相关领域的事实和公式的罗列,而是围绕学科核心概念联系和组织起来的,这些核心概念引导他们去思考自己的领域。对于学生来说,帮助他们围绕学科"核心概念或大概念"[1]来建构和组织头脑中的知识非常重要,这将有助于学生对知识的深入理解和迁移应用,并为未来学习和工作打下良好基础,因此科学的大概念或核心概念便成为科学课程设计和教学中的焦点。

课程内容涉及"大概念和核心概念,"[2]这些概念的学习将有助于学生对知识的深

---

[1][2] 季培松,张刚,刘晓伟.从整体角度把握——谈谈"稳态与环境"模块核心概念的建立[J].中学生物学.2012年.第28期

入理解、有助于学生对知识的迁移应用。"乐趣科学"中涉及的大概念如下：

1. "物质科学领域。"①"物体具有不同的特性和特征；水是一种常见而重要的单一物质；空气是由不同气体混合而成的物质；可以用位置、快慢和方向来描述物体运动；力作用于物体，力能改变物体的运动状态和物体的形态；机械能、光、热、声、电、磁是能量的不同表现形式。"

2. "生命科学领域。"②"地球上生活着不同种类的生物；生物通过自己的方法适应环境，植物可制造和获取养分来维持自身生存；动物通过获取其他动物和植物的养分来维持自身生存；人体多个系统分工配合，共同维持人体生命活动；植物和动物都能繁殖后代，动植物之间、动植物与环境之间都存在着相互依存的关系。"

3. "地球与宇宙科学领域。""太阳系中，地球、月球和其他星球有规律地运动着；地球上有大气、水、生物、土壤和岩石，地球内部有地壳、地幔和地核。地球是人类生存的家园。"

4. "技术与工程领域。"人们为了使自己的生活或生产活动更加便利，就通过观察自然、研究自然界各种现象产生和变化的原因从而产生了科学，科学的核心是发现；巧妙地运用科学以适应环境、为改善生活而生产技术，技术的核心是发明；对生活环境和已有生物加以系统性的开发、加工、生产、建造等，这便是工程，工程的核心是建造。运用科学、技术和工程，人类创造了多姿多彩的人工世界。

（二）关键能力：问题解决能力

科学学科能力主要包括信息获取能力、实验探究能力、问题解决能力。具体表现为：能用简单的科学语言描述和解释生活中与科学有关的简单现象和问题；初步学会运用阅读、观察、实验等方法获取科学信息，并学会用比较、分类、归纳和概括等方法加工科学信息，能用简单的文字、图表和科学用语呈现信息，能在交流中清楚地表达科学信息；初步具备基本的科学实验技能，形成科学探究能力，懂得并遵守科学实验安全规则，初步养成良好的实验习惯；能够利用学校的图书馆和通用搜索引擎及网站查找与科学相关的书籍和资料等。

（三）思维方法：科学思维

自然科学的研究对象具有客观性，不依人的意志而转移，而我们要认识它们，就必

---

①② 于凤林.探索 STEAM 教育在小学教育中的实践与应用[J].基础教育参考.2018 年.第 24 期

须在头脑中形成对整个科学世界本质的、完整的、深刻的印象,就要通过梳理观察过的科学现象、科学事实以及科学过程等,在脑海里形成逻辑清晰的科学图景,并进行反复完善、合理改进、取精用宏,把主观的感性认识升华为客观的逻辑认识,这就是科学思维。

"对科学的学习和研究离不开思维,其中不论是提出科学问题、观察科学现象、计量科学数据、呈现科学模型、形成科学概念、建立科学理论,还是解决与科学理论相关的实际问题,都是依托科学思维进行的。"[①]基于思维的科学教学理论支撑了"乐趣科学"课程标准中课程目标的制定。关注手脑并用、从做中学以及由学中思;关注以学生熟悉的日常生活为出发点,如身边常见的事物等,力求让儿童"通过学生动手动脑,亲身经历实践活动,掌握具体的科学探究方法与技能,领会基本的科学理论和知识,从生活实际中发现和提出简单的科学问题,进而尝试采取科学手段和理论知识予以解决,在实践中进一步加深对世界的认知,提高科学能力和科学素养,端正科学态度,通过体验与同伴的交流合作;初步知晓分析、整合、对比、归类、抽象、总结、类比、推理等思维方法,提高学习能力、思维能力、实践能力和创新能力,以及在与他人交流过程中运用科学语言的能力。"因此,我们在学段目标中非常关注问题意识、思维及对思维过程的反思。

(四)学科应用:科学、技术、社会与环境因素的融合

科学、技术、社会与环境之间相互联系和相互制约的关系,已经引起了当代社会人类的共同关注。因此,"乐趣科学"课程群也将这一关系置于课程目标的重要位置,着力培养学生了解科学、技术等因素的关系,树立环保意识和社会责任感。

总之,我校"乐趣科学"围绕以上四个课程目标,发展学生的学科核心素养,培养科学精神和实践能力。

二、学科课程年段目标

基于《义务教育小学科学课程标准》和我校的育人目标,"乐趣科学"的学段目标确定如下。

(一)1—2年级课程目标

根据"乐趣科学"学科整体目标和学生的学习特点,我校厘定的低段课程目标如下:

[①] 胡卫平.论中学生科学能力的结构[J].中国教育学刊.2001年.第3期

1. 在教师的指导下，能对周边常见的动物和植物进行观察，并能简单描述其主要外部特征。

2. 在教师的指导下，能用简单的语言描述出人类生活离不开动植物的一些实例，意识到动、植物对人类的贡献。

3. 在教师的指导下，知道简单工具(磁铁)的功能和使用方法。

4. 了解环境的内涵，知道水等资源是有限的，意识到节约用水的重要性。

5. 了解人类的生产生活离不开大自然，且在获取资源的同时，也会产生废弃物。

(二) 3—4 年级课程目标

根据"乐趣科学"学科整体目标和学生的学习特点，我校厘定的中段课程目标如下：

1. 在教师的指导下，认识大自然为人类生存提供了各种自然资源和能源，以及大自然中的一些自然灾害。

2. 在教师的指导下，使用和制作简易的古代测量仪器模型，举例说明物体的运动状态与所施加的力有关。

3. 在教师的指导下，探究不同形式的能量(风、磁性)。

4. 通过探究太阳、地球、月球的运动特征，知道一些相关的自然现象有规律可循。

5. 了解人工世界是设计和制造出来的，意识到科技与生活息息相关。

(三) 5—6 年级课程目标

根据"乐趣科学"学科整体目标和学生的学习特点，我校厘定的高段课程目标如下：

1. 在教师的引导下，能描述太阳系中地球、月球等的相对运动，说出一些主要星座，并会利用北极星辨别方向。

2. 了解一些自然灾害，例如：地震、火山爆发等会对人类造成的影响，知道抗震防灾的基本常识。

3. 在教师的引导下，能说出人类不合理活动对自然环境造成的影响，以及人类保护环境的应对举措。

4. 知道人类发展史上一些重大的发明和技术，了解它们的原型和对社会发展带来的变化。

第三部分　学科课程框架

我校建构"乐趣科学"课程群，回归育人目标本位，从不同维度有效推动课程目标的达成。"乐趣科学"课程群开设一系列的课程，为学生的科学学习提供架构，促进学生科学核心素养的提升。

一、"乐趣科学"课程结构

《义务教育小学科学课程标准》将科学学科内容分为物质科学、生命科学、地球与宇宙、技术与工程四个部分。① 我校对应基础课程内容版块，确定了"乐趣科学"学科课程结构，四个版块的名称分别为："多彩物质"、"奇妙生命"、"浩瀚宇宙"、"炫彩科技"。我校"乐趣科学"学科课程结构如下图（见图1）：

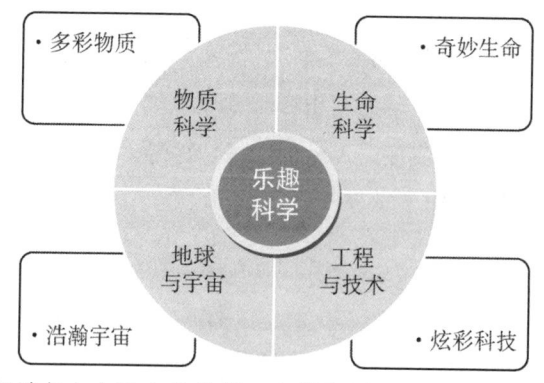

图1　郑州市金水区文化路第一小学"乐趣科学"学科课程结构图

二、"乐趣科学"课程设置

我校"乐趣科学"课程群的学科课程每个年级段设两个版块的内容，由于物质科学

---

① 中华人民共和国教育部. 义务教育小学科学课程标准(2017年版)[S]. 北京：北京师范大学出版社. 2017. P. 5

在整个小学阶段的科学教学内容中占比最大,因此将"多彩物质"设为各年级段的固定版块,另一个版块是根据学生年龄特点以及相应学段的课程标准的要求来设置的。具体内容如下:

1—2年级段:以"奇妙生命"+"多彩物质"为主题。以趣为导,激发学科兴趣,拓展生命科学领域和物质科学领域的学科知识,培养呵护生命、珍惜资源和保护环保的意识及相关技能。以主题活动的形式开展学习。

3—4年级段:以"炫彩科技"+"多彩物质"为主题。以趣为径,在了解各种物质特性的同时,鼓励学生通过动手实践,利用科技手段解决生活中常见的小问题,并创造相应的作品,形成一定的有形成果。

5—6年级段:以"浩瀚宇宙"+"多彩物质"为主题。以趣为核,了解与宇宙相关的科学知识,参与丰富的物质科学领域实验,并与《科学》课程内容相匹配,开展主题式研究学习等。除基础课程之外,"乐趣科学"学科课程设置如下表(见表1):

表1 郑州市金水区文化路第一小学"乐趣科学"学科课程版块设置表

年段	第一版块	第二版块
1—2年级段	奇妙生命	多彩物质
3—4年级段	炫彩科技	多彩物质
5—6年级段	浩瀚宇宙	多彩物质

三、"乐趣科学"年级课程内容

根据"乐趣科学"课程的整体架构和各年级学生的学习特点,我校对"乐趣科学"的学习内容进行了分解,除基础课程之外,各年级的课程内容如下表(见表2):

表2 郑州市金水区文化路第一小学"乐趣科学"课程各年级内容表

年级	学习目标	内容维度	课程版块	课程内容
一年级上学期	● 描述磁铁可以直接或隔着一段距离对铁、镍等材料产生吸引力。	物质科学	多彩物质 12-1	磁铁骑士
				遥控蝴蝶
	● 认识周边常见的动物和植物,能简单描述其外部特征。	生命科学	奇妙生命 4-1	落叶迷踪
				给动物的感谢信

(续表)

年级	学习目标	内容维度	课程版块	课程内容
一年级下学期	● 观察、描述常见物质的基本特征。	物质科学	多彩物质 12-2	土壤里的居民
				出逃的水宝宝
	● 珍爱生命,保护身边的动植物。	生命科学	奇妙生命 4-2	植物的"保湿霜"
				在蛋壳中播种
二年级上学期	● 了解人类的生产生活离不开大自然,在获取资源的同时,也会产生废弃物。	物质科学	多彩物质 12-3	离不开的植物
				塑料袋减肥记
	● 了解身边的动物和植物,并能描述其外部特征。	生命科学	奇妙生命 4-3	树叶的种类
				毛毛虫变形记
二年级下学期	● 了解人类的生活和生产中产生的废弃物,有些可以回收利用。	物质科学	多彩物质 12-4	小瓶儿的一生
				与垃圾怪兽交朋友
	● 了解身边的动物和植物;知道它们与太阳的关系。	生命世界	奇妙生命 4-4	动植物的昼与夜
				太阳的能量
三年级上学期	● 知道风力可以改变物体的运动状态。	物质科学	多彩物质 12-5	起风了
				纸蜻蜓
	● 知道工程设计的基本步骤;并按步骤采用恰当的材料。	技术与工程	炫彩科技 4-1	造纸桥
				伞兵兔小白
三年级下学期	● 知道生活中的物体具有热胀冷缩的性质;知道物质燃烧离不开空气中的氧气。	物质科学	多彩物质 12-6	给"鸡蛋"拔罐
				蜡烛熄灭事件
	● 通过资料了解鸟的飞翔、海豚在水中的游动等,以及它们和雷达、潜艇等机械之间的共性。	技术与工程	炫彩科技 4-2	仿生机械设计师(一)
				仿生机械设计师(二)
四年级上学期	● 知道反冲力是一种日常生活中常见的力。	物质科学	多彩物质 12-7	气球飞船
				赛车总动员
	● 了解不同种类齿轮的工作原理。	技术与工程	炫彩科技 4-3	玩具赛车大升级(一)
				玩具赛车大升级(二)
四年级下学期	● 知道声音是靠物体的震动传播的。	物质科学	多彩物质 12-8	自制"土电话"
				空气"号角"

(续表)

年级	学习目标	内容维度	课程版块	课程内容
四年级下学期	● 在制作模型的过程中，掌握一些简单工具的使用方法。	技术与工程	炫彩科技 4-4	飞上蓝天——制作一架简易模型飞机(一) 飞上蓝天——制作一架简易模型飞机(二)
五年级上学期	● 知道电能可以转换成磁能。	物质科学	多彩物质 12-10	电磁感应器 电磁起重机
	● 了解人类对地球的探索，关注地球最新发展。	地球与宇宙科学	浩瀚宇宙 4-1	地球内部探秘 流浪的地球
五年级下学期	● 能用蒸发、凝结、凝华等过程来解释生活现象。	物质科学	多彩物质 12-9	滴水成冰 柳树结银花
	● 知道一些自然现象的形成原因。	地球与宇宙科学	浩瀚宇宙 4-2	穿越飓风 雪崩
六年级上学期	● 知道构成物体的物质会发生变化。	物质科学	多彩物质 12-11	铁锈去哪了 神奇的喷画
	● 了解太阳、地球、月球的运动规律。	地球与宇宙科学	浩瀚宇宙 4-3	迷失在太阳系 宇宙太奇妙
六年级下学期	● 能够解释生活中一些能量之间的转换过程。	物质科学	多彩物质 12-12	电能研究会 趣味声控灯
	● 能说出一些主要星座，并会利用北极星辨别方向。	地球与宇宙科学	浩瀚宇宙 4-4	夜观星象 北极星的指引

第四部分 学科课程实施

"乐趣科学"课程群的设计始终秉持教、学、评一致性的原则。所以在课程群设计的过程中，我们力求以终为始，科学设置评价的方式和机制，使其与实施机制相伴相生。从而做到目标明确、实施有序、确保品质。"乐趣科学"课程群主要从建构"乐趣课堂"、落实"项目学习"、推行 STEM 教育和依托"乐享社团"四个路径进行课程实施。

一、建构"乐趣课堂",提升学习内驱力

"乐趣课堂"是基于学校"阳光课堂"形态,着眼于儿童发展,通过双向(教、学)目标互动,让儿童在科学实践中动手、动脑、动口,从而提升儿童科学素养,培养科学精神的科学学科特色的课堂形态。

(一)"乐趣课堂"的实施策略

1. 立足学科,体现科学精神

"乐趣课堂"的实施过程是以基础课程中的大概念、核心概念为课程目标,以趣味化、直观化为呈现特点,以做中学为主要形式,力求体现科学学科特点,提升学生的科学素养。

2. 营造氛围,激活学习动力

"乐趣课堂"的实施中要求教师规划、指导但不强权;学生参与、互动但不盲从;使学习成为主动生成且乐在其中的过程。实施过程体现"让快乐成为学习动力,让共享成为互动方式,让精彩成为自信理由"的基本理念,力求激活学习的内驱力。

3. 尊重为基,伴随生命成长

"尊重、温暖、快乐、成长"的课堂文化是"乐趣科学"课堂的底色;我们将着力打造安全、宽松的环境,让学生在其间产生兴趣、积累知识、创新智慧、提升素养,从而达成"乐趣科学"课堂促进成长的核心目标。

(二)"乐趣课堂"的评价策略

"乐趣课堂"的评价倡导"教——学——评"的一致性,经过系列研讨活动的检验和凝练,我们设计出具有鲜明学科特色的评价标准。"课堂呈现维度"涉及自主学习、合作探究,科学实践等指标;课程的内涵包含自主学习、合作探究、科学实践三个维度(详见表3)。这种教学评价明确"以学生为中心"的理念,注重发挥首创精神、将知识外化和实现自我反馈,重视对学习效果、自主学习能力、对小组协作学习所做出的贡献、是否完成对所学知识的意义建构等方面的评价。实施评价时不需要进行独立于教学过程的专门测验,只需在学习过程中随时观察并记录学生的表现即可。"乐趣课堂"评价量表如下(见表3):

表3 郑州市金水区文化路第一小学"乐趣课堂"评价量表

维度	指标	评 价 要 素	分值	自评	组评
自主学习	提出问题	自己提出问题	3		
		经他人提示能提出问题	2		
		提不出问题要别人告诉我	1		
	解决问题	积极想办法解决问题	3		
		配合他人想办法解决问题	2		
		自己想不出解决办法,只有别人布置了具体任务才动手干	1		
合作探究	协作技能	当组内学生遇到困难时,主动给予帮助	3		
		组内学生请我帮忙时,我通常都会答应	2		
		很少帮助他人	1		
	交流技能	在讨论中,我勇于接受他人的意见并修正自己的想法	3		
		我认真倾听他人的意见,但坚信自己是对的	2		
		擅长阐述自己的观点,别人的意见不予考虑	1		
	假设能力	小组讨论时,提出2个或2个以上与问题相关的可检验的假设	3		
		提出1个与问题相关的可检验的假设	2		
		提出的假设与问题无关	1		
科学实践	设计及创新能力	想到2个或2个以上控制自变量的正确方法	3		
		想到1个控制自变量的正确方法	2		
		不知道怎么控制自变量,别人告诉了我才知道	1		
		想到2个或2个以上处理实验材料的正确方法	3		
		想到1个处理实验材料的正确方法	2		
		不知道怎么处理实验材料	1		
	反思能力	进行实验过程中,对出现的问题及时反思并修正	3		
		进行实验过程中,对出现的问题及时反思,但未找到改进方法	2		
		认为出现的问题是偶然因素,可能由操作不当引起,且并未重复实验	1		

(续表)

维度	指标	评 价 要 素	分值	自评	组评
科学实践	推理能力	猜想与反复实验的结果一致,解释的逻辑性强	3		
		猜想与反复试验的结果部分相同,有一定的逻辑	2		
		猜想与反复实验的结果不同	1		
	表达能力	结论表达规范,全面,流畅	3		
		结论表达稍有不规范,不准确之处	2		
		结论表达不规范,不准确	1		
总分					

二、落实"项目学习",强化问题解决能力

基于项目的学习又称为PBL(Project-Based Learning),是指学生通过参与一个活动项目,来调查、研究并解决有关问题,从而获得知识,达到教学目的的一种教学模式。这里的项目,指的是一个学习目标,也可以是一项学习任务,该项目有具体的学习时间,并且项目的执行需要各种资源,包括人力、工具、场所等。

(一)"项目学习"的实施策略

1. 注重过程,在解决问题中发展思维

不同于传统的教学模式注重学生的学习结果,PBL模式注重的是学生的学习过程。例如在"点亮红绿灯"的项目组中,教师会给出这样的一个具体的任务:完成一个红绿灯的简单电路。根据这样一个任务要求,学生就会开始自己的探究性学习过程,首先学生需要了解电路概念,之后按照自己的设计完成电路草图,并将自己的电路拼装完成。但是,摆放在每个人面前的材料并不完整,这时候就需要用自己的材料和其他同学进行交换。因此,该任务需要团队合作,共同完成。由于教师在课堂上布置项目或任务的时候,考虑到项目或任务的难易程度而设置了问题情景,项目或任务的本身便激发起学生的参与欲望,在解决问题的过程中他们主动获取相关知识,并发展了探究技能与合作技能。

2. 注重实践,在生活中"现象教学"

生活是所有学习诉求的最初来源,也是所有学习结果的最终归处,所以生活现象

就成为"乐趣科学"课程的项目化教学基地与宝库。我们鼓励学生从生活中"立项",孩子们可以从年历里寻不同,从外卖中长知识,在动物园里找规律……久而久之,逐步养成时时发现,处处研究,人人成长的课程追求。

3. 注重交流,让质疑精神生根

科学家的研究成果一定会公之于众,接受同行的评议。通过表达、发布,研究成果得以共享,其中的一些问题会受到质疑,继而成为新的研究之始。"乐趣科学"课程群的项目学习活动也非常注重学生研究成果的交流,并希望参与者通过表达方式的选择、表达技巧的运用、表达过程的专注、表达结果的评价四部曲,学会分享,敢于质疑、注重实证,提升科学素养。

(二)"项目学习"的评价策略

项目学习中,教师需要对学生进行灵活、多方面的评价,传统的书面测验和常规考试的方式就不太适用,因此我们采取过程性评价与结果性的评价相结合的方式,在课程中运用了大量的评价量表。通过评价量表对学生在项目中的表现进行系统记录,结果性评价可以通过优秀作品展示、参加比赛等方式进行。

为了最大程度保证评价的客观性和准确性,在学生进行自评和互评之前,教师要对评价量表中的评价内容指标等进行必要的解释。进行评价的过程需要花费教师和学生一定的时间和精力,每隔三周组织学生进行一次学习评价,评价前一定要提醒学生客观公正,以免违背评价的初衷,从而失去评价的意义。"乐趣科学"各内容版块的评价量表如下(见表4):

表4 郑州市金水区文化路第一小学"乐趣科学"之奇妙生命课程评价量表

《写给动物的感谢信》评价量表

内容版块:奇妙生命		适用年级:一年级	
评价维度	高级 ★★★	中级 ★★	初级 ★
概念	说出3个以上动物对人类的贡献。	说出2个动物对人类的贡献。	说出1个动物对人类的贡献。
表达	能够用恰当、完整的语言表达谢意。	能够用通顺、完整的语言表达谢意。	能够在他人的提示下用完整的语言表达谢意。
说明	5—6颗星为高级,3—4颗星为中级,1—2颗星为初级。		

三、推行 STEM 教育,升级技术工程素养

STEM 是科学(Science)、技术(Technology)、工程(Engineering)、数学(Mathematics)四门学科英文首字母的缩写,其中科学在于认识世界、解释自然界的客观规律;技术和工程则是在尊重自然规律的基础上改造世界、实现对自然界的控制和利用、解决社会发展过程中遇到的难题;数学则作为技术与工程学科的基础工具。STEM 教育以知识点之间存在相互联系为前提,要求学生通过讨论、探究等教学过程,找到知识之间的内在联系,然后通过学习将这些知识点整合,从而达到教学目的。这种学习模式可以帮助学习者将所学科学知识相融合,将学科知识与实际应用和实践相结合,从而改变学习者的学习方式。

(一) STEM 课程的实施策略

1. 着眼目标,分阶段推进

STEM 是跨学科的教育方式,其课程的设计需要循序渐进,做好基础训练。因此我们在其间设置了与"科学知识"相对应的"科学阅读",让学生初步学会文献学习,为工程的实施奠定理论基础;与"科学探究"相对应的"乐趣实验",让学生发展探究技能;与"科学、技术、社会与环境"相对应的"小小工程师"环节,让学生掌握工程学的基础知识。通过夯实基础,促进学生后续项目的稳步推进。

2. 着眼差异,分层次开展

本课程的 STEM 活动分为两种:常规活动和特殊项目。常规活动由教师提供内容,学生可以从教师提供的项目菜单中选择,时间通常为半天,每个学生在半天内一般可以参与一个实验项目,4—5 人一个小组,由外聘顾问指导,教师不干涉实验操作。特殊项目针对具有极高热情的学生开设,方案通过教师审查后配备专门指导老师,由学生自主负责特定任务和目标,持续时间一般为数周,完成项目后由学生对成果进行公开展示,选题由学生自主提出。

(二) STEM 课程的评价策略

对于此类项目的评价主要侧重两个方面。其一,科学设计评价量规。评价量规的设计先置于项目之前,在设计方案预设时优先考虑,由师生共同建构,为学生应达到的表现期望提供明确的标准。制定量规的过程是共同行为准则的产生过程,也是对"产品"规格明确要求的过程。多维度的评价将客观、公平地反映学生的学习水平和发展

情况,同时也为进阶学习提供相应的助力。其二,借助产品的展示与交流环节进行评价。展示交流环节将集中体现学生口语表达、文字组织能力以及能力提升情况。在这个过程性评价中,学生将互相启发、互相促进,从而使 STEM 课程的主题更加明确、方案更加完善、成果得以认可,借此产生的成就感及认同将对于学生个人成长与能力的提升起到推动作用,同时也将推动课程的实施。而不同阶段的集中讨论与展示,作为节点起到控制项目实施进程的作用。展示的方式是开放的,鼓励学生各显其能,如包括演示文稿、实物、短视频等。STEM 课程的评价样例如下表(见表5—表6):

表5　纸桥设计方案评价量表

评分维度	优秀 ★★★	合格 ★★	待合格 ★	等级 自评	等级 互评
设计图	● 创建准确而精细的图画、示意图或模型,以表达对设计作品的思考。	● 创建大致准确的图画、示意图或模型,以表达对设计作品的思考。	● 与研究相关的图画、示意图或模型包括错误概念或缺少示意图或模型。		
文字说明	● 对设计加以详细的说明,并对其局限性进行了具体的说明。	● 以文字方式大致说明了设计意图与思考。	● 缺少对设计作品的文字说明或说明与主题不相关。		
说明	优秀:5★—6★;合格:3★—4★;待合格:1★—2★				

表6　纸桥作品评价量表

评价维度	优秀 ★★★	合格 ★★	待合格 ★	等级 自评	等级 互评
材料	比规定用料更少	符合规定	使用了规定之外的材料		
跨度	长度>30 cm 或宽度>10 cm	长度=30 cm 宽度=10 cm	长度<30 cm 宽度<10 cm		
承重	车辆载重>200 g	车辆载重=200 g	车辆载重<200 g		
说明	优秀:8★—9★;合格:6★—7★;待合格:3★—5★				

四、依托"乐享社团"的实施策略,力促儿童的个性化发展

"乐享社团"是我校课程建设的重要组成部分。它是以兴趣维度划分,建构学习共同体;它是"乐趣科学"课程群另一实施路径,是基于学生兴趣、能力、程度的差异,对分层教学的落实。"乐享社团"的路径解决了"乐趣科学"课程的个性化实施问题。

(一)"乐享社团"实施策略

1. 顶层设计,设置流程

科学学科依据学生发展和学校发展的需求,精心设计社团课程,通过校课程中心审批后进入选课平台,并依托学校选课平台与选报学生进行双向选择,从而达成尊重兴趣,发展特长的目标。

具体实施流程是:1.学生需求分析——2.课程预设——3.师生进行社团课程论证、提出申请——4.学校课程中心审议通过——5.师生进行课程设计(课程纲要)——6.课程中心二次审议——7.学生选课——8.实施课程。

2. 兴趣为核,混龄教学

在"乐享社团"的活动时间,学生打破年龄界限,以兴趣和体验获得为选修标准,以每周五定期活动与专题集训相结合的方式实施,从而达到以兴趣为核心,寻找学科、年级和校级课程的交集,实现课程实施的协同落实。

(二)"乐享社团"的评价策略

在"乐趣科学"课程的成效评价层面,我们秉承科学性与契合性相结合的原则,将传统的等级化评价与访谈式评价相结合。具体来说,除了常规的过程性评价之外,我们特别注重通过访谈倾听不同评价主体的声音,给予被评价者充分的解释、说明和表达的机会,了解被评价者的想法。这样的方式使得评价者有了表达自己见解的机会,有利于教师了解学生的个性和需求,有利于课程在评价中发展与完善。社团综合评价表如下(见表7):

表7 "乐趣科学"社团评价表

社团名称:　　　　辅导教师:　　　　评价时间:

评价项目	评价标准	评价结果			
		个人评	同学评	教师评	总评
情感态度	1. 出勤率				
	2. 提出设想与建议				
	3. 克服困难和挫折				

(续表)

评价项目	评价标准	评价结果			
		个人评	同学评	教师评	总评
合作交流	1. 帮助同学				
	2. 倾听同学的意见				
	3. 对社团和小组的学习有贡献				
实践能力	1. 通过多种方式搜集、处理信息				
	2. 参与时动脑、动口、动手				
	3. 友好地与别人交往				
	4. 学习、研究方法多样				
成果展示	1. 活动过程记录				
	2. 演示、汇报				
	3. 成果有创意				

小伙伴说：

老师说：

我对课程的评价与建议：

注：评价结果分 A、B、C、D 四个等级。A 表示良好；B 表示较好；C 表示一般；D 表示尚可。

（撰稿人：鲁桂红　宛宇　张继红　邢旭辉　王晓锋　赵浩浩　焦艳　朱新龙）

芬芳科学：在芬芳馥郁的科学园地中感悟美好

郑州市金水区沙口路小学现有科学教师4人，他们中有小学一级教师2人，中小学二级教师1人，临聘教师1人。其中1人是金水区科学学科骨干，1人荣获金水区全国科普日活动先进个人，1人在郑州市金水区青少年科技创新中荣获优秀辅导教师。

第一部分 学科课程哲学

《义务教育小学科学课程标准（2017年版）》（之后简称为《科学课标》）提出："小学科学课程按照立德树人的要求培养小学生的科学素养，为他们的继续学习和终身发展打好基础。"[1]

一、学科性质观

《科学课标》指出：

小学科学课程是一门基础性课程。随着科技的不断发展，人们对社会公民的科学素养要求越来越高，小学阶段科学课的学习对学生科学素养的发展起着至关重要的作用。在小学科学课程的学习中，保护学生与生俱来的好奇心，培养他们对科学的兴趣和求知欲。学生在体验科学探究的过程中，学会运用科学方法和科学知识初步理解身边的自然现象和解决某些简单的实际问题，为今后的学习、生活以及终身发展奠定良好的基础。

小学科学课程是一门实践性课程。小学科学课程把探究活动作为学生学习科学的重要方式，强调从学生熟悉的日常生活出发，通过亲身经历的实践活动，理解基本的

---

[1] 中华人民共和国教育部. 义务教育小学科学课程标准（2017年版）[S]. 北京：北京师范大学出版社. 2017. P. 1

科学知识,掌握探究的方法与技能。通过小组活动、自主探究、动手创造等多样的学习形式,发现和提出生活中的简单科学问题并加以解决。参与和科学有关的社会问题的讨论与活动,学会合作与交流,提高科学能力,培养科学态度。

小学科学课程是一门综合性课程。学习物质科学、生命科学、地球与宇宙科学、技术与工程四大领域的基础知识,并结合日常生活,尝试将所学知识技能用于解决身边的实际问题。注重所学内容与已有经验、社会实践相结合,着力提高学生的综合能力。强调科学课程与并行开设的其他国家课程,比如语文、数学、英语、信息技术、综合实践等课程之间的相互渗透。发展学生个性,培养他们的思维能力,开发创造潜能,促进学生的全面发展。

二、学科课程理念

依据《科学课标》,结合学校实际情况,提出我校科学课程的实质为"发现、探究、创新"。强调学生在发现问题的过程中感受大自然的美好,在探究的过程中认识自然界的奇妙,在创新的过程中享受科学的美妙。以此确立课程核心理念为"芬芳科学",让孩子在芬芳馥郁的科学园地中感悟美好。

"芬芳科学"旨在让学生依据客观存在的现象,敢于质疑、乐于猜想、善于思考,用科学的眼光发现周围的事物和现象,以浓厚的科学探究兴趣和求真务实的科学态度追根溯源,揭秘实质,感受自然世界的奇妙与美好,让孩子在美妙的科学世界里芬芳绽放。本课程在实施国家课程的基础上,选择贴近学生生活、符合现代科技发展趋势、适用于社会和个人发展需要的内容,倡导探究性学习,让学生学会用科学的眼光看世界,提高学生的科学核心素养。

(一)发现使人芬芳

"科学的核心是发现"[1],在发现的过程中激发兴趣。兴趣是促进学生开展良好学习的原动力,是学生主动进行科学探究的前提。孩子们稚嫩的心灵,对未知世界充满了好奇、好学、好问的天性,启发着他们去发现美好世界,激发他们追寻一切事物和现象所发生的原因,通过亲身看一看、想一想、亲手摸一摸、动一动,寻觅科学规律,感受

---

[1] 中华人民共和国教育部. 义务教育小学科学课程标准(2017年版)[S]. 北京:北京师范大学出版社. 2017. P.52

科学魅力,体味科学的曼妙芬芳。

(二) 探究使人芬芳

探究活动是学生探索和了解自然、获得科学知识的重要途径。结合现实生活,学生经历科学求真的过程,主动发现,乐于探究,在做中学、学中思,用智慧的眼睛,独特的视角,去探索世界蕴含的科学奥秘。在这散发着芬芳的探究过程中发现科学之美,感受自然世界的奇妙与美好,让孩子们的生活更加多姿多彩。

(三) 创新使人芬芳

"创新是科学技术前进的活力源泉"[①],科学技术是人类文明的标志,是学生认识世界、了解世界的载体。网络资源的丰富性、生动性,为孩子们了解变化的世界创造了条件。借助网络平台、多媒体等电子化教学手段,把文字、图像、音频、视频等多种信息带入课堂,使抽象的概念具体化、枯燥的知识趣味化,促使学生创新思维的发展,感悟科学之美,享受科学之趣。

总之,"芬芳科学"课程的实施通过激发学生学习科学的兴趣,培养求真的理性思维,让学生产生探究世界的欲望,用独特的眼光发现生命的芬芳,攀上智慧的高峰。

第二部分　学科课程目标

《科学课标》指出:"小学科学课程的总目标是培养学生的科学素养,并为他们继续学习、成为合格公民和终身发展奠定良好的基础。"[②]学生通过科学学科课程的学习,保持和发展对自然的好奇心和探究热情;了解与认知水平相适应的科学知识;体验科学探究活动的基本过程,发展科学探究能力;培养学习能力、思维能力、实践能力、创新能力以及用科学语言与他人交流和沟通的能力。

---

① 龚小来.如何在小学科学教学中培养学生的创新能力[J].开心素质教育.2016.第10期
② 中华人民共和国教育部.义务教育小学科学课程标准(2017年版)[S].北京:北京师范大学出版社.2017. P. 6

一、学科课程总体目标

依据《科学课标》,"芬芳科学"课程分别从科学知识、科学探究、科学态度以及科学、技术、社会与环境四个方面将目标进行阐释。

(一)科学知识

学习物质科学、生命科学、地球与宇宙科学、技术与工程四大领域基础的、与日常生活密切相关的知识:认识具体事物的外部特征,知道性能、作用、分类、条件、原因、规律等,了解事物的结构、功能、变化与相互关系等;了解生物体的主要特征,认识人体和健康,知道生物体与环境的相互作用;了解太阳系和地球的相关知识,正确处理人类、地球与环境的关系。

(二)科学探究

"科学探究是获取科学知识的重要途径。科学探究有八大要素:提出问题、作出假设、制定计划、搜集证据、处理信息、得出结论、表达交流、反思评价"[1],可以将之概括为"问题、证据、解释、交流"四大要素:能在学习和日常生活中发现问题、提出合理猜测与假设;能正确实施探究方案,使用各种方式获取证据;能通过各种方法和手段分析证据,得出合理的结论;愿意与他人交流与合作,准确表达探究过程与结果;理解通过科学探究达成共识的科学知识在一定阶段是正确的,但是随着新证据的增加,会不断完善和深入,甚至结果会发生变化。

(三)科学态度

科学态度从探究兴趣、实事求是、追求创新、合作分享四个维度进行描述:通过学习,产生具有学习和研究科学的好奇心与求知欲,能在好奇心的驱使下,对生活中科学现象、事件、事物和自然现象表现出学习兴趣;具有基于证据通过逻辑思考发表自己见解的意识和能力,乐于倾听不同的意见,能理解别人的想法,能基于证据坚持或调整自己的观点,甚至对不一致的结果再次观察和实验,完善自己的观点;善于从不同角度思考问题,追求创新;能主动与他人合作,尊重他人的情感和态度。

---

[1] 中华人民共和国教育部. 义务教育小学科学课程标准(2017年版)[S]. 北京:北京师范大学出版社. 2017. P.9

（四）科学、技术、社会与环境

小学科学课程需要帮助学生了解科学、技术、社会和环境的关系，提高保护环境的意识和社会责任感。这一目标是社会主义核心价值观在科学学科中的具体表现。以下分别从科学技术与日常生活的联系、科学技术与社会发展的联系、人类与自然和谐相处三个领域来进行阐述：了解科学研究与技术应用中必须考虑伦理和道德取向；了解人类的好奇和社会的需求是科学技术发展的动力，技术的发展和应用影响着社会发展；认识到人类、动植物、环境的影响和相互依存关系，热爱自然，珍爱生命，具有保护环境的意识和社会责任感。

二、学科课程年段目标

"芬芳科学"依据如上四项课程总目标，具体细化了低、中、高各学段课程目标，内容如下：

（一）低段课程目标

1. 知道常见的力；知道与太阳、地球、月球相关的一些自然现象；知道太阳能够发光发热，会描述太阳对动植物和人类生活的重要影响；能简单描述物体的外部主要特征和功能；知道天气、土壤等对植物和人类生活的影响；认识常见工具，了解其功能；辨别生活中常见的材料；使用工具对材料进行简单加工；能利用提供的材料和工具，通过口述、图示等方式表达自己的设计与想法，并完成任务。

2. 在教师指导下，初步尝试讲述自己的探究过程与结论，并与同学讨论、交流，初步反思自己的探究过程；能利用多种感官或者简单工具，观察对象的外部形态特征及现象；有运用观察与描述、比较与分类等方法得出结论的意识；能基于自己的观察和经验提出自己的观点；能简要讲述自己的设计与制作过程；了解科学家是怎样阐述观点的，回顾、反思自己表达交流的经历，提升表达交流的能力，积累表达交流的经验。

3. 在好奇心的驱使下，在教师的指导下，能按要求进行合作探究学习，尝试多角度、多方法认识事物。

4. 体会生活中的科技产品给人们带来的便利、快捷和舒适；认识周围简单科技产品的结构和功能；了解人类可以利用科学技术改造自然，让生活环境得到改善。

（二）中段课程目标

1. 测量、描述物质的特征和材料的性能；描述物体的运动，认识力的作用；观察空气并了解其特征;知道动物的生命周期并了解动物的迁徙;知道太阳、地球、月球的运动特征,知道与它们有关的一些自然现象是有规律的;意识到使用工具可以更加精确、便利、快捷;能用测量工具、简单的实验器材等对物体进行定量观察,采集数据并做简单记录,能用语言或图画描述所观察的事物的形态特征;知道设计包括一系列步骤,完成一项工程设计需要分工与合作,需要考虑许多因素。

2. 在教师指导下,初步尝试猜想与假设,了解假设与事实的区别;能应用已有知识与经验对观察的现象做假设性解释;能对实验现象、条件、结果和原因进行假设;让学生了解计划与组织的重要意义,体验怎样计划与组织;能基于所学知识,制定简单的探究计划;能对小组提出的探究问题做出书面计划并组织实施;能依据证据运用分析、比较、推理、概括等方法分析结果,得出结论;进一步掌握搜集事实与证据的方法,懂得有根据才有发言权;能倾听别人的意见,并与之交流;能对自己的探究过程、方法和结果进行反思、做出自我评价与调整。

3. 能在好奇心的驱使下,表现出对现象和事件的探究兴趣,能分工协作,多种思路、多样方法完成科学探究,体会创新的乐趣。

4. 了解科学技术对人类生活方式和思维方式的影响;了解并意识到改进产品是适应人们不断增加的需求方式;了解人类的需求是影响科学技术发展的关键因素。

(三) 高段课程目标

1. 知道太阳系及宇宙中一些星座的基本概况,知道昼夜交替、四季变化分别与地球自转和公转有关;会利用语言、图表、数学表达式等概念模型进行解释;会制作物理模型来解释自己的研究成果;能通过科普小报的形式来交流研究成果;能在活动的基础上写出完整的调查报告;能写出格式较为规范的科学小论文;能以辩论会的形式围绕一定的主题进行表达与交流;认识人类与自然资源和能源的关系,知道地球是人类应当珍惜的家园。

2. "能基于所学的知识,从事物的结构、功能、变化及相关关系等角度提出可探究的科学问题;能提出有针对性的假设,并能说明假设的依据;能制定比较完整的探究计划,初步具备实验计划的能力和控制变量的意识,并能设计单一变量的实验方案;通过观察、实验、查阅资料、调查、案例分析等方式获取事物的信息;用科学语言、概念统计图表等方式记录整理信息,表述探究结果;运用分析、比较、推理、概括等方法得出科学探究的结论,判断结论与假设是否一致;通过分析表达与交流的案例,学习怎样更好地表达与交流;能对探究活动进行过程性反思,及时调整,并对探究活动进行总结性评价,完善探究报告。"①

3. 在与他人沟通交流的基础上,从不同视角提出研究思路,以事实为依据做出判断,并完成探究设计与制作。

4. 了解在科学研究与技术应用中必须考虑伦理和道德的价值取向;了解科学发展和应用影响着社会发展;了解人类活动会对环境产生正面和负面的影响,自觉采取行动,保护环境。

第三部分　学科课程框架

根据《科学课标》关于小学科学课程内容的要求,依据"芬芳科学"课程理念,结合学生的年龄特点和学习需要,构建全面、立体的"芬芳科学"课程体系。

一、学科课程结构

本课程从"物质科学、生命科学、地球与宇宙科学和技术与工程四大领域"②,将"芬芳科学"课程设置为"多样物质"、"多彩生命"、"深邃宇宙"、"精妙技术"四大类别。以此培养学生对事物的感性认识、观察能力、探究能力、动手实践能力和获取信息、鉴别信息、处理信息的能力。"芬芳科学"的课程结构见图1。

"多样物质课程"源于物质科学领域。以学生能够感知的一些直观的、有趣的、丰富的内容为载体,增强学生探究物质世界奥秘的好奇心,帮助学生初步养成乐于观察、注重事实、勇于探索的科学品质。

"多彩生命课程"源于生命科学领域。从微观和宏观两个层面研究生命现象和生

---

① 中华人民共和国教育部. 义务教育小学科学课程标准(2017年版)[S]. 北京:北京师范大学出版社.2017.P.10—11
② 中华人民共和国教育部. 义务教育小学科学课程标准(2017年版)[S]. 北京:北京师范大学出版社.2017.P.16

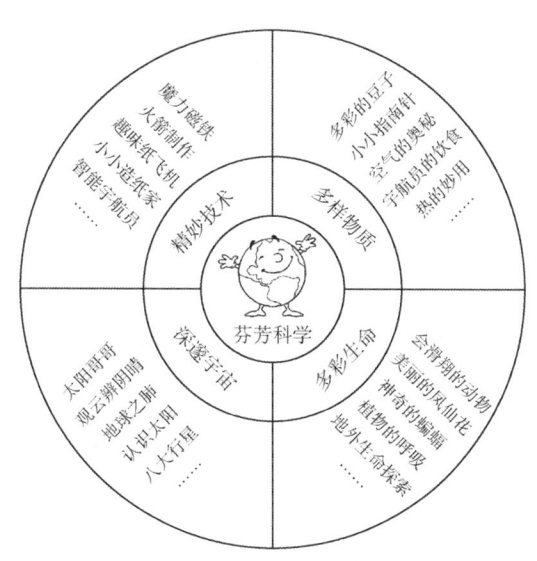

图 1 金水区沙口路小学"芬芳科学"课程结构

命活动规律,激发学生了解和认识自然的兴趣,帮助学生形成热爱大自然、爱护生物和保护环境的情感,对于培养学生的科学素养具有重要的意义。

"深邃宇宙课程"源于地球与宇宙科学领域。内容侧重于与日常生活相关的天气变化、潮汐变化等现象,通过实地考察、长期观测、建构模型、模拟实验、逻辑推理等方法进行研究,有助于激发学生对地球和宇宙的探究热情,发展空间想象能力,初步建立科学的宇宙观和自然观。

"精妙技术课程"源于技术与工程领域。"学生不仅是技术与工程产品的受用者,更是其主体"[①]。本课程的学习可以使学生有机综合所学的各方面知识,体验科学技术对个人生活和社会发展的影响,其中的实践活动使学生体会到"做"的成功和乐趣,养成通过"动手做"解决问题的习惯,从而发展学生的实践能力、思维能力和创造能力。

二、学科课程设置

根据《科学课标》中对于培养学生科学核心素养的要求,以学习小学科学基础课程内容为基础,考虑到不同年级学生的动手操作能力、思维发展水平和创新能力的差异,

---

[①] 义务教育小学科学课程标准修订组. 义务教育小学科学课程标准解读(2017年版)[M].北京:高等教育出版社.2017. P.122

以螺旋上升的形式构建了丰富的"芬芳科学"课程,见表1。

表1 金水区沙口路小学"芬芳科学"课程设置表

课程\学期	多样物质	多彩生命	深邃宇宙	精妙技术
一上	多彩的豆子	会滑翔的动物	美丽地球	魔力磁铁
一下	无处不在的空气	美丽的凤仙花	太阳哥哥	火箭制作
二上	小小指南针	神奇的蝙蝠	观云辨阴晴	趣味纸飞机
二下	海绵变形计	种子的生长	地球之肺	小小造纸家
三上	空气的奥秘	大雁的迁徙	四季之旅	旋翼之谜
三下	导电的盐水	恐龙的灭绝	大自然的风	制作信号灯
四上	宇航员的饮食	给鱼儿找家	多变的月相	小车竞速
四下	省力与费力	植物的一生	认识太阳	无人机组装
五上	热的妙用	植物的呼吸	八大行星	时间记录器
五下	水的循环	不起眼的微生物	天气的变幻	废物利用
六上	声音的威力	地外生命探索	太空对话	太空种植
六下	钻木取火	人类的进化	火星移民	智能宇航员

"芬芳科学"课程力求体现让低年级的学生在"玩"中学,中年级的学生在"做"中学,高年级的学生在"创"与"做"中进行"创"新制作。同时,我们将PBL(Problem-Based Learning)教学方法和STEAM教学理念相结合,力求打造以自然语言编程为途径,并辅以语文、数学、英语、音乐、体育、美术等国家课程相融合的实践课程。

第四部分 学科课程实施

"芬芳科学"课程充分考虑科学学科本身特点以及小学生科学学习的特征,将目标指向学生科学素养的培养,期望实现教师"教"与学生"学"的共同发展。从建构"芬芳课堂"、建设"芬芳社团"、开展"芬芳研究"、开办"芬芳讲堂"、举办"芬芳节日"五方面实施课程。

一、建构"芬芳课堂",学习系统的知识

"芬芳课堂"的主要任务是培养学生的科学探究和科学思维能力。在课堂中不仅关注系统知识的学习和思维方法的训练,还根据学生的已有知识经验,从他们周围的生活中选取有关内容,让学生看一看、做一做、玩一玩、想一想,以培养学生兴趣、攫取知识养分、训练思维方法,为学生打好科学学习的基础。

(一) 实践与操作

"芬芳课堂"主要通过引导学生动手做来学习科学,比如:实验、制作模型、观察、测量、种植与饲养……学生通过参与熟悉的、能引发学习兴趣的、具有典型科学教育意义的活动,亲身体验科学发现、科学探究、科学创造的过程,体验科学乐趣,学习科学知识。"芬芳课堂"着重关注学生的学习目标、学习内容、学习活动、学习方式、学习效果,具体体现在:

1. 学习目标是明确的。引导学生在学习科学知识的同时,使科学探究、科学思维等多方面的能力都得到发展。学习目标的制定要体现课程三维目标的落实,符合课程标准和学生实际的程度,确定突出教学重点和突破难点的策略,促进学生的多方面发展。为此,每节课结束时留出5分钟的时间以多种形式检测学生的学习目标是否达成,比如课堂小测试、教师口头提问、同伴相互提问等。

2. 学习内容是丰富的。注重自然中的科学现象,选择与日常生活联系紧密的科学素材,联系促进社会发展进步的科学技术,使学生发展利用所学知识和技能解释或解决自然中常见问题的能力。学生的学习内容不仅仅限于课本,在教学过程中带领学生走出教室,观察学校小花园中的自然现象,并走向家庭、社会,利用课余时间做一些有趣的亲子科学小实验。从教科书扩展到学生的整个生活空间,同时关注社会新的发展和变化,增进课程内容的现实性和亲近感,真正走进学生的实际生活。

3. 学习活动是有效的。强调从学生熟悉的日常生活出发,通过观察、调查、比较、分类、分析资料、得出结论等方法,以探究式的学习活动为主要方式,亲身经历完整的科学探究过程。在课堂教学中让学生自主学习、探究学习,激发他们的学习兴趣和动力,组织小组讨论、多媒体演示、学生上讲台等以学生为主体的活动形式,发挥学生的积极性和主动性,让课堂"活"起来,让学生"动"起来。

4. 学习方法是多样的。依据学习内容和学习活动过程,自主选择多样的学习方

法。通过动手做来学习科学,比如:实验、观察、测量、种植与饲养等;开展探究式学习,让学生亲身体验科学发现、科学探究、科学创造的过程;还有许多学生喜欢的学习方式,如研究性游戏、模型制作、现场考察、植物栽培、影视作品欣赏等,都是科学学习的有效方式。

5. 学习效果是显著的。通过学习,学生的学习目标达成度高,多数学生能完成学习任务,每个学生都有不同程度的收获。在课堂教学中,能主动学习,善于与他人合作交流,并能独立完成相应的实验操作,口头或书面表达表述结果;能将课堂所学知识融会贯通,举一反三,学以致用。

(二) 评价与标准

"芬芳课堂"评价基于《科学课标》,对教师的"教"和学生的"学"进行全面评价。

1. 评价理念

《科学课标》指出:评价既对教学的效果进行检测,也与教学过程相互交融,从而促进与保证学生的发展。通过主体多元、方式多样的评价方法,确保课程实施的质量,促进学生科学素养的发展。因此,学校"芬芳课堂"本着"面向全体学生,适应学生个性发展"的评价理念,挖掘学生的潜能,完整而全面地促进学生的发展。

2. 评价目的

通过课堂评价,一方面了解学生在学习过程中的表现及其存在的问题,鉴定学习的质量水平,另一方面促进教师利用评价所提供的大量信息适时反思,适时调整和改善教学行为,实现教学的最优化,为今后的工作计划和方向提供依据。

3. 评价内容

根据学校"芬芳课堂"的特点,从以下维度设计评价表,以此改善学生的学习方式和教师的教学方式,实现适合学生发展的高效科学课堂。具体评价内容见表2。

表2 金水区沙口路小学"芬芳课堂"评价表

学科		班级		时间		地点		评价得分
教师		课题						
学习目标 10分	1. 依据课程标准,结合教材和学生实际,确定难易适度的多维目标。(5分)							
	2. 确定的学习目标具体明确,有层次性,可操作,可检测。(5分)							

(续表)

学科		班级		时间		地点			评价得分
教师		课题							
学习内容 20分	1. 有利于培养学生的学习习惯,提高科学探究能力。(6分)								
	2. 关注学生的科学探究过程,突出学生的主体地位。(6分)								
	3. 反映社会的发展、科学技术的进步,激发学生对大自然的好奇心。(8分)								
学习活动 30分	1. 以探究式学习为主体活动,保证充足的自主活动的时间和空间。(7分)								
	2. 会根据学习目标,运用感官及恰当的工具进行观察、比较、测量和记录。(7分)								
	3. 能利用证据进行分析判断;对自己的学习进行总结、反思和修正。(8分)								
	4. 会借助适当的手段(文字、图画、表格)进行交流,能呈现思维过程并运用实证有效互动和大胆质疑。(8分)								
学习方法 30分	1. 与学习内容相吻合,既体现方法的普遍性又体现方法的针对性。(10分)								
	2. 借助观察、调查、比较、分类、分析资料等多种方法,开展助力学习目标达成的学习创造性活动。(10分)								
	3. 提高学生参与学习的积极性,能有效地激发与维持学生的学习动机。(10分)								
学习效果 10分	1. 能达成学习目标,多数学生能完成学习任务,每个学生有不同的收获。(3分)								
	2. 学生能完成探究活动,课堂思维活跃,有见解,敢质疑。(3分)								
	3. 学生能主动学习,善于合作,乐于交流分享,尊重别人观点,呈现出良好的学习习惯。(4分)								
评价等级									

备注:得分85分以上评价等级为优秀;75—84分等级为良好;60—74分等级为合格;60分以下等级为待努力。

二、建设"芬芳社团",探索科学的奥秘

基于"让孩子在芬芳馥郁的科学园地中感悟美好"的课程理念,学校"芬芳社团"以培养学生学习科学的兴趣为主,以学生为主体,自主选择组成学习小组,分工合作实施,教师组织引导,学校支持引领、保障,充分体现学生主体性。学生通过社团活动,发展科学思维能力,培养科学核心素养。

(一) 实践与操作

依据学生的学习兴趣及其对科学知识的掌握情况选择社团成员。在社团活动中,注重以探究式学习方法开展小组合作学习,每周组织一次以探索航空航天领域

相关内容的社团活动。社团成员先确定本周的探究活动主题,然后对活动主题进行讨论,制定具体的、可行的、有效的活动实施方案。如需要使用相关器材,组员要提前向老师递交申请。活动结束后关注活动的效果,定期在"飞天酷客"教室进行探究活动的阶段汇总,从活动过程中的组织完成情况、学生的活动记录单、活动作品等方面及时发现问题、解决问题,并做好相关记录,进行反思与总结,促进社团活动的顺利进行。

(二)评价与标准

"芬芳社团"注重从学生的学习视角和教师的教学视角两方面出发进行评价。关注学生自主管理、合作交流、探究创新意识的培养,以及倾听与操作习惯的养成。

三、开展"芬芳研究",揭秘生活的神奇

"芬芳研究"注重引导学生发现生活中的科学现象,灵活运用科学知识和研究成果去解释生活中的常见现象,解决生活中的实际问题。培养学生用科学的眼光去观察,用科学的方法去实践,用科学的态度解决生活中问题的能力。

(一)实践与操作

学校组织学生由个人到小组再到年级逐层开展"芬芳研究"活动。学生根据自己的兴趣爱好自由组织研究团队,根据研究需要走进科技馆、地质博物馆等公益性科普教育机构实地考察、搜集资料进行科学研究。在研究的过程中可以由同学、教师、家长等多方进行协助。研究成果的呈现形式不限,可以是研究报告、科普小报、实验视频等多种形式。此外,结合"能力生根"活动,学生自主组建团队,确定研究主题,在教师、家长和社会中相关人员的共同协助下完成主题研究,并整理相关的文字、图片、视频等资料。在研究过程中,引导学生深刻地体会到科学与生活的紧密联系,提高他们的组织策划、沟通交流、实验研究等学习能力。

(二)评价与标准

"芬芳研究"关注学生的主动学习过程,关注研究对其日常生活的影响。在评价过程中,所有参与成员对研究过程进行评价,从而多方面、多维度地了解研究成员在研究过程中的表现,体现了该项研究的现实意义。具体评价与标准见表3。

表3　金水区沙口路小学"芬芳研究"评价表

评价内容	评价标准	评价得分
研究主题的选择（20分）	1. 与生活实际联系紧密。（10分）	
	2. 有可操作性。（10分）	
研究团队的构成（20分）	1. 团队成员目标一致、兴趣一致。（10分）	
	2. 团队成员各司其职，团结协作。（10分）	
研究成员的参与（40分）	1. 研究成员有合作精神。（10分）	
	2. 研究成员有认真钻研、敢于迎难而上的严谨科学态度。（10分）	
	3. 研究成员能制定具体的研究计划并动手进行操作验证。（10分）	
	4. 研究成员能提出自己对研究活动的见解。（10分）	
研究活动的影响（20分）	1. 研究成果能解决生活中的实际问题。（5分）	
	2. 研究过程能激发学生新的思维火花。（5分）	
	3. 在研究活动中与他人合作的能力得到提升。（5分）	
	4. 研究成员的创新意识得到提升。（5分）	
评价等级		

评价等级说明：85分及85分以上等级为"优"，75分—84分等级为"良"，60分—74分以上等级为"合格"，60分以下等级为"不合格"。

四、开办"芬芳讲堂"，展示自然的奇特

"芬芳讲堂"鼓励学生主动探索自然现象，进行实地调查，运用所学知识和研究方法探索自然现象的成因。提高学生的合作学习能力、语言表达能力，增强学生的科学探究意识和团队合作意识。

（一）实践与操作

"芬芳讲堂"面向全体学生，打破年级界限，不同年级的学生根据自己所学内容选取自己感兴趣的自然现象，兴趣相同的同学在老师的帮助下进行团队组建。团队成员先搜集整理信息，共同制定调查计划；在老师的指导、家长的支持帮助下进行实地调查，并注意过程性资料的保存；团队成员整理相关资料形成汇报文本，老师对汇报文本进行指导，团队成员对汇报文本进行完善；选取代表进行汇报展示。学生在收集处理信息、交流与合作、组织策划的过程中,多方面能力得到提升,增强了自信心,激发了学习兴趣。

(二) 评价与标准

"芬芳讲堂"关注学生的合作学习能力、语言表达能力的提高,增强学生的科学探究意识和团队合作意识。在评价过程中,关注学生对自然现象形成原因的探索,从多方面、多维度对团队成员在探索过程中的表现进行评价。具体评价与标准见表4。

表4　金水区沙口路小学"芬芳讲堂"评价表

评价内容	评价标准
资料的呈现	1. 资料体现探究方法。 2. 资料体现探究经过。 3. 资料体现探究结论。
成员的参与	1. 团队成员有团队合作意识。 2. 团队成员有敢于探索、敢于迎难而上的严谨科学态度。 3. 团队成员能制定具体的调查计划并进行实地调查。
讲堂的成效	1. 团队成员对自然现象形成原因能准确到位的进行汇报。 2. 听众对该自然现象产生好奇心,激发听众对科学探究的欲望。

评价说明:团队汇报完成后颁发"芬芳小讲师";整个评价是在对团队探索过程肯定的基础上进行的,旨在鼓励学生主动发现自然现象、主动参与科学探索、敢于迎难而上的科学态度、激发对科学探究的欲望。

五、举办"芬芳节日",拓宽学生的视野

为创设浓郁的科学学习氛围,每年5月学校开展"芬芳节日"活动,为学生展示自己的科学学习成果提供平台,同时构建学校科普平台,以此激发学生学习科学的兴趣,发展新颖独特的科学思维,促进其提高自主探究能力,树立实事求是的科学态度。

(一) 实践与操作

依据学生的科学思维发展水平、认知特点和已有经验,设置与拓展课程相对应的,学校大主题下的小主题,并制定翔实可行的活动方案。

"芬芳节日"活动既有全员参与的参观实践活动,如:飞翼无人机真机展出、航空机场虚拟现实体验、3D打印机笔制作体验、3D打印机使用体验、单片机(飞机航行灯)操作体验、纸电路实践体验、航空航天主题讲座、航空安全知识小课堂等活动,让每一个学生都有机会体会科技发展的日新月异,感受科学为我们的日常生活带来的便利。此外,举办海选活动,选拔选手,参加郑州市科技馆举办的"小车竞速"、"钢球爬坡"、"摆钉子"等项目的比赛,激发学生对科学的兴趣,点燃学生创新梦想的"火把",锻炼学生的动手操作能力。

(二)评价与标准

"芬芳节日"的开展,有利于学生科学兴趣的激发,科学素养的培养,有助于学生发展思维,培养严谨的科学态度,也有利于提高科学教研组老师的活动组织协调能力。我们将从四个方面对"芬芳节日"进行评价。具体评价与标准见表5。

表5 金水区沙口路小学"芬芳节日"评价表

评价内容	评价标准	
节日活动的策划	1. 具备实施的合理性。	
	2. 具备实施的可行性。	
	3. 操作过程是完整的。	
节日活动的表现	组织者	1. 积极组织协调各方参与人员。
		2. 及时处理突发状况。
		3. 及时准确地对各方参与人员进行评价。
	参与者	1. 能够全程参与。
		2. 在参与过程中获得了对科学、对生活新的认知。
		3. 在参与过程中获得了动手体验、操作实践的机会。
节日活动的影响	1. 更新了参与人员的科学观念。	
	2. 提高了参与人员的科学应用能力。	
	3. 参与人员养成了正确的科学态度。	
	4. 提升了参与人员的科学思维品质。	

评价说明:对"芬芳节日"的评价目的在于总结实施过程中的收获与不足,对下一次"芬芳节日"的开展与实施给出改进建议。

总之,"芬芳科学"课程依据校情、学情、生情,开发多样物质、多彩生命、深邃宇宙、精妙技术等方面的学习内容。学生通过探究学习活动,获得科学知识,掌握学习方法,以此激发学生对未知世界的好奇心、求知欲,培养他们永不停息的探索精神,提升其创新创造能力。让"芬芳科学"课程带领学生在芳香馥郁的科学园地中感悟自然的美好,绽放独有的芬芳!

(撰稿人:赵明华　马青燕　黑谱　张志　黄耀文　刘翠兰)

第五章

在启蒙中点亮童心

　　启蒙即开导儿童的蒙昧，使儿童接受科学新事物。幼儿通过眼睛、手等感觉器官感知周围的世界，这是他们认识身边世界的主要方式。幼儿科学教育着眼于创造条件让儿童广泛接触各种具体实物或模型，鼓励儿童通过观察、触摸等方式认识新事物，通过多看、多触摸探究新事物，从中获得基本的科学常识和启蒙。幼儿科学教育能够让儿童的感觉、知觉变得灵敏，有效促进儿童智力发育，同时能让儿童体验学习科学的乐趣，在儿童的心里种下科学的种子，点亮热爱科学的心灵。

小博士科学：在探究中点亮梦想

郑州市金水区第一幼儿园科学领域教研组，在幼儿园课程规划的统领下，本着启迪、培育、助力让幼儿科学梦想生根发芽，不断壮大，经过教研规划，构建了"小博士"科学领域课程群。我校科学教研组共有教师17名，其中，中小学一级教师2人，中小学二级教师10人，郑州市骨干教师5人。他们中有金水区教学新秀1人，金水区学科带头人1人。教研组队伍平均年龄27岁，师德品行优良，业务能力扎实，多人曾获"金水区希望杯优质课比赛"一、二等奖。

第一部分　领域课程哲学

《3—6岁儿童学习与发展指南》（以下简称《指南》）指出："成人要善于发现和保护幼儿的好奇心，充分利用自然和实际生活机会，引导幼儿通过观察、比较、操作、实验等方法，学习发现问题、分析问题和解决问题；帮助幼儿不断积累经验，并运用于新的学习活动，形成受益终身的学习态度和能力。"[1]

一、领域课程价值观

科学领域的教育对于幼儿科学素养的早期培养具有十分重要的意义。通过科学教育，可以使幼儿对周围世界有初步的认识，并进行合理的推断和思考，更可以激发幼儿对周围事物和现象的探究兴趣和求知欲望，使幼儿萌发对自然和科学的热爱之情、兴趣之力以及探究之能。因此科学领域教育的独特价值就在于此，不但能对幼儿思维方式进行培养，还将对其理性的思维方式进行科学启蒙。

科学教育的内容涉及很多自然科学，内容十分广泛，同时绝大多数科学内容又都以各种形式呈现在幼儿的日常生活中，吸引着幼儿去探究、去研判、去梦想。无论从幼

---

[1] 中华人民共和国教育部.《3—6岁儿童学习与发展指南》[M]. 北京：首都师范大学出版社. 2012. P. 42

儿提出的问题,还是从幼儿获得的经验看,他们的科学探索遍及各个领域。他们既追逐着遥远浩瀚的宇宙,又关心远古恐龙灭绝的故事;既对小小的西瓜虫感兴趣,又对飞机飞上天充满了好奇……只有满足幼儿发展的需求,从他们感兴趣的事物开始,让其充分做足科学梦,玩转科普事,试尽科学法,才能为终生乐于科学活动,打下坚实的基础。

总之,小博士课程群(科学领域)强调引导幼儿从身边的事物开始探索,帮助其充分接触周围世界,让其真正融入到生活中去,发现生活中的自然现象,探索事物之间存在丰富的相似性和因果关系,学会用科学的态度、思维、方法……去解决生活中的问题。让幼儿在动手动脑中发散思维,帮助幼儿建构科学的逻辑思维;在数学知识的运用中,理解事物之间抽象的数量关系并能应用到实际生活中,真正的让小博士课程群(科学领域)建构幼儿的科学思维。

二、领域课程理念

小博士课程群(科学领域)的核心素养是"创想科学,在探究中点亮梦想";课程理念确立为"构建科学的思维,在探究中成长"。意在为幼儿创造符合其年龄特点的学习空间,帮助幼儿建构科学的逻辑思维,使每一个幼儿养成"敢想、敢做、会思考、勤思考"的思维习惯,在遇到问题时能够主动去寻找解决问题的方法,成为不畏困难,学会用科学的思维去发现与探究的"小博士"。

小博士课程群(科学领域)是逻辑严谨的课程,让幼儿在动手操作与思考中发展逻辑性思维。科学探究的是客观存在的事物及其规律,数学则是理解具体事物之间数与量的关系,科学和数学有着密切的联系,数学是科学的基石。数学作为一种工具,使幼儿的科学认知更为精确,而科学又为数学提供了物质前提,它能帮助幼儿理解数与量的关系。从幼儿园整体课程来看,小博士课程群(科学领域)的学习为幼儿提供了一种独特的思维方式,它不仅有助于幼儿在其他领域的学习,更有助于幼儿思维的全面和谐发展。无论是在健康、语言、社会还是在艺术等领域中,幼儿都需要一种理性的思维方式,才能客观的认识周围的世界,理解事物之间的关系,而这也正是科学领域的学习对幼儿的健康成长所做出的贡献。

小博士课程群(科学领域)是探究的课程。科学和数学知识不是靠外部直接灌输给幼儿的,而是在幼儿自己动手操作、亲身参与的探索活动中自主建构起来的,它是幼儿和外部环境相互作用的结果,这一特点决定了科学领域的活动必然是幼儿主动探索的过程,而不仅仅是教师在课堂上通过语言来传授的。幼儿的数学学习也是通过实物操作进行思考和交流,从而获得知识经验的过程。小博士课程群(科学领域)是在教师的引导下,幼儿主动参与,在探索中认识周围的事物和现象的课程。

小博士课程群(科学领域)是发散思维的课程。科学活动的逻辑性,强调的是幼儿在活动中的主体地位,即要让幼儿积极主动地和环境、材料相互作用,自主操作,积极思考,主动探索。这样不仅有利于幼儿获取科学学习的经验、建构科学的知识结构,而且有利于激发幼儿的好奇心和探究欲,还能满足幼儿对科学学习的兴趣,享受科学探究过程所带来的乐趣。

第二部分 领域课程目标

《指南》中指出"幼儿科学学习的核心是激发探究兴趣,体验探究过程,发展初步的探究能力。"成人要善于发现和保护幼儿的好奇心,充分利用自然和实际生活机会,引导幼儿通过观察、比较、操作、实验等方法,学习发现问题、分析问题和解决问题;帮助幼儿不断积累经验,并运用于新的学习活动,形成受益终身的学习态度和能力。[①]

一、领域课程总目标

为了有效发展幼儿初步的探究能力,幼儿园根据幼儿身心发展的特点,设计了小博士课程群(科学领域)。目的在于激发幼儿探究的兴趣,体验探究的过程,感受用科学的方法解决问题后带来的快乐。根据幼儿园科学领域的育人目标,幼儿园设计了小博士课程群(科学领域)的总目标。

(一) 科学探究

1. 喜欢大自然,对自己感兴趣的事能主动寻找答案,并在此过程中收获快乐。
2. 能用自己的方法进行观察和比较,有初步的探究能力。
3. 在生活中进行探究,感知事物的变化和多样性。

---

① 中华人民共和国教育部.《3—6 岁儿童学习与发展指南》[M].北京:首都师范大学出版社.2012. P. 42

（二）数学认知

1. 发现、感受生活中数学的有用和有趣，尝试用数学解决生活中的问题。
2. 感知和理解事物的不同属性，尝试做简单的描述或记录。
3. 感知物体的形状及其与空间关系。①

二、领域课程年段目标

《指南》中指出："幼儿的发展是一个持续、渐进的过程，同时，也表现出一定的阶段性特征。"②同时，幼儿园科学领域包含"科学探究"与"数学认知"两个方面的知识，根据幼儿不同年龄段发展的需求，幼儿园设置的小博士课程群（科学领域）的各年龄段目标具体如下（见表2-1）。

表2-1　郑州市金水区第一幼儿园小博士课程群（科学领域）各年龄段目标

年龄段	科学探究目标	数学认知目标
小班	1. 喜欢接触大自然，对周围的很多事物和现象感兴趣。 2. 能用多种感官或动作探索物体，关注动作所产生的结果。 3. 认识常见的动植物，能注意并发现周围的动植物是多种多样的。	1. 感知和发现周围物体的形状是多种多样的，对不同图形感兴趣。 2. 能感知和区分物体的大小、多少、高矮、长短等量词方面的特点，并能用相应的词表示。 3. 能注意物体较明显的形状特征，并能用自己的语言描述。
中班	1. 能对事物或现象进行观察比较，发现其相同与不同。 2. 能根据观察结果提出问题，并大胆猜测答案。能用图画或其他符号进行记录。 3. 能感知和发现动植物的生长变化及其基本条件。	1. 能感知和区分物体的粗细、厚薄、轻重等量方面的特点，并能用相应的词语描述。 2. 会用数词描述事物的排列顺序和位置。 3. 能通过数数比较两组物体的多少。
大班	1. 对自己感兴趣的问题总是刨根问底。能经常动手动脑寻找问题的答案。 2. 能察觉到动植物的外形特征、习性与生存环境的适应关系。 3. 感知了解季节变化的周期性，知道变化的顺序。 4. 初步了解人们的生活与自然环境的密切关系，知道尊重和珍惜生命，保护环境。	1. 能用一定的方法验证自己的猜测。能用数字、图画、图表或其他符号记录。 2. 能发现事物简单的排列规律，并尝试创造新的排列规律。 3. 能发现生活中许多问题都可以用数学的方法来解决，体验解决问题的乐趣。 4. 初步理解量的相对性。能用简单的记录表、统计图等表示简单的数量关系。

---

① 中华人民共和国教育部.《3—6岁儿童学习与发展指南》[M].北京：首都师范大学出版社.2012.P.43—55

② 中华人民共和国教育部.《3—6岁儿童学习与发展指南》[M].北京：首都师范大学出版社.2012.P.2

第三部分　领域课程框架

幼儿园的课程形式是丰富多样的,小博士课程群(科学领域)框架的设置是基于幼儿园梦想教育"小不点儿"课程的理念,从多角度出发,构建出小博士课程群(科学领域)框架。幼儿园"小博士"科学领域课程群结构内容设置为"创想实验"、"神奇的大自然"、"宇宙之谜"、"科技之光"、"数与形"五大类别。每个内容主要是以"观察——探究——实验"的课程模式,让幼儿多种感官参与,在看一看、想一想、做一做中发散思维,培养幼儿的科学素养。

一、领域课程结构

根据幼儿园科学领域的课程标准、幼儿园科学领域学科核心素养、3—6岁幼儿的发展特点以及幼儿的思维发展水平,小博士课程群(科学领域)主要以幼儿园五大领域中的科学领域课程为主,幼儿园将其内容整合分为"创想实验"、"神奇的大自然"、"宇宙之谜"、"科技之光"、"数与形"五大类别主题课程。

创想实验:通过科学实验及动手操作,帮助幼儿直接感知、亲身体验事物之间的联系,感受科学活动的魅力。

神奇的大自然:带领幼儿亲近大自然,引导幼儿发现人与自然、动植物间的依赖关系。通过探索、观察、猜想,感受并了解身边的环境及自然现象,萌发对大自然的热爱之情。

宇宙之谜:引导幼儿了解人类赖以生存的地球以及地球之外的宇宙天体,激发幼儿对生命起源的好奇心,增强幼儿保护环境的意识,知道要珍惜生命。

科技之光:通过参观、讨论和实际应用,引导幼儿了解常见科技产品的用途,感受科技给人们生活带来的便利。

数与形:引导幼儿感受数字在生活中的广泛应用,知道数字与人们的生活密切相关;通过实际操作帮助幼儿在物体与几何图形之间建立联系并能用简单的语言进行描述。

小博士课程群(科学领域)结构设置如下图:(见图3-1):

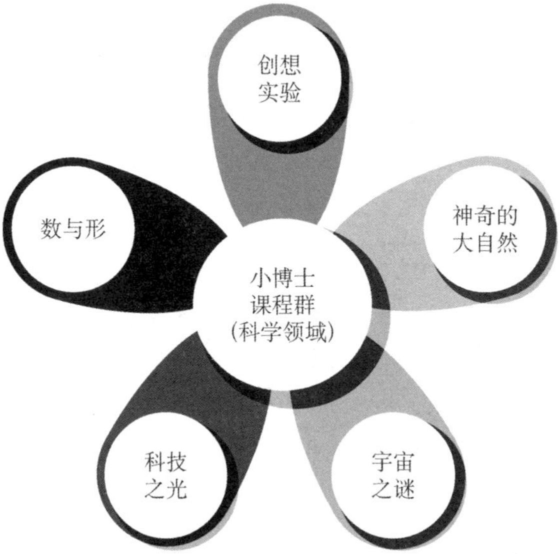

图3-1 郑州市金水区第一幼儿园小博士课程群(科学领域)结构图

二、领域课程设置

《〈幼儿园教育指导纲要(试行)〉解读》中指出:"幼儿科学教育的内容应从身边取材,引导幼儿对身边常见事物和现象的特点、变化规律产生兴趣和探究欲望。"[1]因此,幼儿园将小博士课程群(科学领域)内容设置如下表(见表3-1):

表3-1 郑州市金水区第一幼儿园小博士课程群(科学领域)设置表

年龄班		课程板块				
		创想实验	神奇的大自然	宇宙之谜	科技之光	数与形
小班	上	1. 认识乐高 2. 参观科学实验室 3. 有趣的影子 ……	1. 我爱小动物 2. 我是小园丁 3. 种大蒜 ……	(无)	1. 奇思妙想 2. 我的玩具车 3. 滑滑梯 ……	1. 图形宝宝 2. 叠叠高 3. 皮球圆又圆 ……

---

[1] 教育部基础教育司.《幼儿园教育指导纲要(试行)》解读[M].南京:凤凰出版传媒集团.江苏教育出版社.2002.P.159

(续表)

年龄班		课程板块				
		创想实验	神奇的大自然	宇宙之谜	科技之光	数与形
小班	下	1. 看谁垒得高 2. 坚固的城墙 3. 小手摸一摸 ……	1. 种植萝卜 2. 树叶的秘密 3. 认识水果 ……	（无）	1. 颜色对对碰 2. 奇妙的纸 3. 旋转的陀螺 ……	1. 找找长方形 2. 谁多谁少 3. 给娃娃送水果 ……
中班	上	1. 传声筒 2. 一半花园 3. 糖怎么不见了 ……	1. 豆宝宝发芽记(1) 2. 动物饲养员 3. 有趣的动物叫声 ……	1. 五颜六色的星空 2. 调皮的风 3. 星星的美妙故事 ……	1. 会变色的花 2. 神奇的管道 3. 会打电话的手机 ……	1. 玩具有多少 2. 几个朋友在一组 3. 小小设计师 ……
	下	1. 降落伞 2. 自制乌云 3. 动物手影游戏 ……	1. 豆宝宝发芽记(2) 2. 小动物怎样过冬 3. 好吃的蔬菜 ……	1. 影子的秘密 2. 收集雨水 3. 落下来 ……	1. 搭建立交桥 2. 小车跑得快 3. 摩天大厦 ……	1. 学习排序 2. 空间方位辨别 3. 小瓢虫排排队 ……
大班	上	1. 制作彩虹 2. 不同的塔 3. 制作钟表 ……	1. 胎生和卵生动物和天气 2. 动物和天气 3. 植物的自我保护 ……	1. 怎么知道今天有风 2. 空气的力量 3. 日月食 ……	1. 动画放映机 2. 漂浮的针 3. 电风扇 ……	1. 认识梯形 2. 看图拼画 3. 藏起来的花瓣 ……
	下	1. 磁铁找朋友 2. 会发光的灯泡 3. 摩擦起电 ……	1. 食物链和食物网 2. 青蛙的生长 3. 挖野菜 ……	1. 你好，外星人 2. 八大行星 3. 火星的奥秘 ……	1. 机械总动员 2. 十字旋转门 3. 人工机器人 ……	1. 漂亮的果叶项链 2. 多变的电话号码 3. 路线图 ……

第四部分 领域课程实施

充分考虑到幼儿的年龄特点和认知水平，遵循知识性和趣味性相结合的原则，幼儿园通过创设"创想课堂"、构建"创想社团"、开展"创想生活"课程、开设"创想游戏"、举行"科技创意节"五种实施途径,开展小博士课程群(科学领域)。强调让幼儿在探索事物的过程中,多种感官参与,用游戏的方式激发幼儿的学习兴趣,培养科学思维及动手操作能力。

幼儿园的教育活动要以游戏为主,让幼儿在游戏中释放天性,在游戏中获得知识与生活经验。因此,小博士课程群(科学领域)内容的实施要与幼儿的一日生活相结合。

1. 以生活中的科学现象、趣味创想推动科学领域课程活动,落实科学领域课程的实施。

2. 以五大领域中科学领域活动为基准,开展集体教学活动。

3. 以幼儿园科学实验室为载体,帮助幼儿获得更加丰富、新颖的体验。

一、构建"创想课堂",在探究中点亮梦想

"创想课堂"主要是通过引导幼儿亲身观察、体验、感受身边的自然与环境,发现生活中的规律,并能用科学的方法解决生活中的问题,为幼儿搭建思维发展的平台,引导幼儿学会思考,建立自己对事物的独有看法。

(一)"创想课堂"的主要做法

"创想课堂"就是学科教师根据《幼儿园渗透式领域课程》中科学领域的教育教学内容,结合自身已有的知识和经验,对课程采取多角度、多样化的设计,充分调动幼儿对科学探索的积极性,使幼儿动手动脑、思行合一。"创想课堂"的主要任务是提炼小博士课程群(科学领域)的核心要素,探索"构建科学的思维,在探究中成长"的理念在课堂教学中的研究与实践,引导教师从学科教学走向学科教育。

(二)"创想课堂"的评价要求

科学活动的评价不能只依靠幼儿某一次的操作结果,要采取多样化的评价途径,切勿用一把尺子衡量幼儿,采用过程性评价和终结性评价相结合的多重评价方式,增强幼儿对环境和事物的理解,让家长了解科学思维的建构是需要长期积累的过程。

根据幼儿年龄和个体发展程度的不同,幼儿园设计"创想课堂"评价表,对幼儿进行多维的评价。(对幼儿的评价标准见表 4-1)

表 4-1　郑州市金水区第一幼儿园"创想课堂"评价标准表

年龄班	学期	科学		
		情感与态度	行为与习惯	能力与发展
小班	上学期	1. 喜欢接触大自然，对周围的很多事物和现象感兴趣。 2. 体验和发现生活中很多地方都能用到数。	1. 经常问各种问题或好奇地摆弄物品。 2. 对感兴趣的事物能仔细观察，发现其明显特征。 3. 能注意物体较明显的形状特征，并能用自己的语言描述。	1. 能用多个感官或动作去探索物体，关注动作所产生的结果。 2. 认识常见的动植物。
	下学期	1. 愿意在探究活动中动手操作。 2. 愿意和同伴分享自己的想法。	1. 能注意并发现动植物是多种多样的。 2. 能感知和发现周围物体的形状是多种多样的。 3. 对不同的形状感兴趣。	1. 能感知和区分物体的大小、多少、高矮、长短等量方面的特点。 2. 能用多种感官或动作去探索物体，关注动作所产生的结果。
中班	上学期	1. 喜欢接触新事物，经常问一些与新鲜事物有关的问题。 2. 能感知和体会有些事物可以用形状来描述。	1. 在老师的指导下，感知和体会有些事物可以用数来描述，对环境中数字的含义有进一步探究的兴趣。 2. 会用数词描述事物的排列顺序和位置。	1. 能通过简单的调查收集信息。 2. 愿意用图画、符号表达自己的愿望和想法。
	下学期	1. 喜欢思考问题。 2. 喜欢用动手动脑的方法解决问题。 3. 体验季节对动植物和人的影响。	1. 能对事物进行观察与比较，发现它们的相同点和不同点。 2. 能根据观察结果提出问题，并大胆猜测答案。 3. 对环境中的各种数字的含义有进一步探究的兴趣。	1. 能感知和发现动植物生长变化及其基本条件。 2. 能感知和发现不同季节的特点。
大班	上学期	1. 对自己感兴趣的问题总是刨根问底。 2. 探索中有所发现时感到兴奋和满足。 3. 体验解决问题带来的乐趣。	1. 经常动手动脑寻找问题的答案。 2. 能用一定的方法验证自己的猜测。 3. 能用常见的几何形体有创意地拼搭和画出物体的造型。	1. 能用数字、图画、图表或其他符号进行记录。 2. 能察觉到动植物的外形特征、习性与生存环境的适应关系。 3. 能发现事物简单的排列规律，并尝试创造新的排列规律。
	下学期	1. 愿意与他人讨论问题。 2. 探究中能与他人合作与交流。 3. 体验科技产品给生活带来的方便。	1. 能发现常见物体的结构与功能之间的关系。 2. 在初步了解人们的生活与自然环境的密切关系时，知道尊重和珍惜生命，保护环境。 3. 能发现生活中许多问题都可以用数学的方法来解决。	1. 在成人的帮助下能制定简单的调查计划并执行。 2. 能通过观察、比较、分析，发现并描述不同种类物体的特征或某个事物前后的变化。 3. 借助实际情境和操作（如合并或拿取）理解"加"或"减"的实际意义。

二、打造"创想社团",激发探究欲望。

"创想社团"由专任的社团教师,利用每周固定的时间,分年龄段开展不同主题的社团活动。活动中教师重点关注幼儿自主、合作、探究意识的培养,让幼儿学会尝试、归类、排序、判断、推理,并在这个过程中发展逻辑思维能力,体验成功的愉悦。

(一)"创想社团"的主要做法

"创想社团"根据内容的不同分为"乐高社团"和"小发明社团"。"乐高社团"主要通过引导幼儿动手操作、搭建、探索等活动,开发幼儿的空间思维和想象力,通过组合、拼插出变化无穷的造型,激发幼儿的创造力。"小发明社团"是在幼儿园的科学实验室中开展,主要是以生活中的小实验为主,让幼儿在实验的过程中感受到科学的神奇与魅力。

(二)"创想社团"的评价要求

"创想社团"的评价方式主要采用了活动中的过程性评价,因为,幼儿的思维建构是一个长期积累的过程,为了保护好幼儿对新鲜事物的好奇心和求知欲,我们只按照幼儿在操作过程中的情况,针对幼儿对环境和事物的理解和思维方式进行"奖励性"评价。

幼儿园根据幼儿年龄和发展程度的不同,设计了"科学领域主题活动"教学评价表,从评价对象的不同,对幼儿进行多维的评价。(评价标准见表 4-2)

表 4-2 郑州市金水区第一幼儿园"创想社团"评价表

"创想社团"课程评价内容	师评
参与实验探求活动的兴趣	
能够独立思考	
能够主动发现问题	
能够解决问题	
能够正确使用工具	
会用表格进行实验记录	
能与同伴合作研究	

注:优秀 ☺☺☺ 良好 ☺☺ 一般 ☺

三、开展"创想生活"课程,体验多元化的科学活动

"创想生活"课程依托于幼儿园梦想教育"小不点儿课程"中的小博士课程群(科学领域),着力开展丰富多彩的实践课程。从幼儿的身边取材,帮助幼儿了解与自己生活息息相关的自然环境与自然现象,激发幼儿对宇宙奇观、天文知识的兴趣,懂得热爱、尊重、保护自然,具有初步的环保意识,从小养成爱护身边环境的良好习惯。

(一)"创想生活"的主要做法

"创想生活"中的实践活动共分为两个子领域,是由"神奇的大自然"和"宇宙之谜"组成。除了幼儿在幼儿园里的种植、养殖活动外,也邀请家长一起参与户外郊游、森林课堂等活动,达到家园共育的目的。内容的选择从幼儿的身边取材,贴近幼儿的生活,目的是带领幼儿走进大自然、开拓眼界,初步掌握生活中的基本科学常识,培养幼儿善于发现和思考的习惯。在此基础上,加入了宇宙奥秘和自然现象等丰富的内容,让幼儿在多元化的课程建构中收获知识。

(二)"创想生活"的评价要求

"创想生活"中的实践活动,以师评为主,采用评价表,阶段性地对每个幼儿在活动中的表现进行评价。

根据幼儿年龄和发展程度的不同,设计了"创想生活"的活动评价表,根据评价的内容与对象的不同,分别制定了以下两个评价表。(见表4-3、表4-4)

表4-3 郑州市金水区第一幼儿园"创想生活"(神奇的大自然)评价表

"神奇的大自然"活动评价内容	师评
喜欢大自然,有好奇心	
认识常见的动植物	
了解动植物与人们生活的联系	
初步了解爱护动植物的方法	
在探索中有所发现时感到兴奋和满足	
会用表格进行实验记录	
能与同伴合作研究	

注:优秀 ☺☺☺   良好 ☺☺   一般 ☺

表4-4 郑州市金水区第一幼儿园"创想生活"(宇宙之谜)评价表

"宇宙之谜"活动评价内容	师评
参与观察探究活动的兴趣	
能够独立思考	
能够主动发现问题	
能对事物现象进行观察和比较	
能根据观察结果提出问题、大胆猜想	
能通过简单的调查收集信息,会用图画或符号进行记录	

注:优秀☺☺☺ 良好☺☺ 一般☺

四、开设"创想游戏",培养幼儿的逻辑思维能力

(一)"创想游戏"的主要做法

"创想游戏"主要是以数学认知游戏为主,把数学知识以游戏的形式融入到幼儿的学习活动中,与五大领域的其他学科有机结合。如:在情景游戏中渗透数学知识,在体育游戏中渗透数学知识,利用区角活动开展数学认知游戏等等。

(二)"创想游戏"的评价要求

"创想游戏"中的数学活动,以师评为主,利用评价表,阶段性地对每个幼儿的活动表现进行评价。

根据幼儿年龄和发展程度的不同,设计了"创想游戏"的教学评价表。(见表4-5)

表4-5 郑州市金水区第一幼儿园"创想游戏"(数学认知游戏)评价表

"认知游戏"活动评价内容	师评
愿意动手操作	
能够独立思考	
能够主动发现问题	
能够解决问题	
能够正确使用工具	
会用表格进行实验记录	
能与同伴合作研究	

注:优秀☺☺☺ 良好☺☺ 一般☺

五、举行"科技创意节",感受现代化科技技术给生活带来的便捷

为了使幼儿了解现代科技技术的发展,知道科技发达给人们生活带来的便利,幼儿园利用多种途径,组织幼儿开展丰富多彩的科技活动。

(一)"科技创意节"的主要做法

举办"儿童科技画"画展、"自制小发明评比"、"机器人展览"等形式多样的"科技创意节",丰富了幼儿的科技知识,开拓了幼儿的眼界,也让他们感受到科技创造了美好生活,从而使幼儿喜欢科学,爱上科学,点亮他们的科技梦想。

(二)"科技创意节"的评价要求

活动结束后将由师幼共同评选出优秀作品,进行颁奖。

总之,小博士课程群(科学领域)旨在让幼儿运用各种感官,动手动脑,探究问题,使幼儿亲历探究解决问题的过程,从而学会学习,学会生活。让我们共同启梦,为幼儿的科学教育打下坚实的基础,在探究操作活动过程中,用科学的方式发展逻辑思维能力,用智慧点亮梦想的星光。

(撰稿人:李嘉慧　郑子元　沙奕菲　冯瑞萍　侯枚汀)

后记

"东风洒雨露,汇入天地春",当《科学学科课程群》定稿时,我们既满怀激动又充满希冀。课程群建设犹如"雨露"般为科学课程的实施注入新的活力,使科学课程春意盎然;同时,课程群建设也为儿童在科学之旅中带来新的体验,使儿童不断探索、不断发现,最终走向思维发展的彼岸。

当前,培养学生的核心素养成为基础教育课程改革的目标指向,怎样以课堂为基点让儿童的思维更加开放,促进学生科学核心素养的提升,是金水科学教育者一直深入探讨的问题。科学课程群建设,则是解决这一核心问题,不断深化科学课程改革,优化课程设计的一条真正有效的途径。

在上海市教育科学研究院杨四耕教授的引领下,基于对科学学科的认识以及对儿童思维发展的思考,我们着手开发学科课程方案,构建学科课程群,以期通过具有多维空间结构的学科课程群推动儿童思维的发展。我们试图通过这次课程群建设,整合科学学科课程资源,为科学学科发展提供有力抓手。学校科学课程群开发团队根据各校的实际情况,优化整合现有的科学学科课程,并依据课程标准在同一学科或主题基础上对相关课程进行整合、重组,以核心素养为核心,致力于让学生的思维走向开放,实现课程、思维发展和学生之间的平衡。

不同时代的学生身上会带有不同时代的特质,不同时代教育的理念、方法、手段、方式等都会有所不同,不同时代的教育也赋予了课程新的印记。学科课程群的建设经历了不断地探索、革新的过程,从最初的构想,到课程群的清晰明朗,无不注入了教师们的不断探索与倾心付出。一路走来,有迷茫,有迟疑,有困惑,有思考,但我们秉持着最初的课程愿景,始终执着于以更好的形式呈现科学课程,让科学课程灵动、丰盈,提升了科学课程对学生的影响力。

教育应是春风化雨般的温暖;教育应是"捧着一颗心来不带半根草去"的无私;教育应是"春蚕到死丝方尽,蜡炬成灰泪始干"的执着;教育更应是"落红不是无情物,化作春泥更护花"的坚守。感谢上海市教育科学研究院杨四耕教授的专业指导,从课程方案的开发到课程群的不断实施,杨教授严谨的治学态度,精益求精的学术精神鼓舞着我们不断前行。同时,也非常感谢各位老师在这段充满艰辛和挑战的旅途中的坚持与探索。

"三寸粉笔,甘露滋养大地;一颗丹心,鲜花尽显芳菲。"作为金水科学教育的筑梦人,我们不断更新理念、编织梦想,以期通过课程群的实施能够使梦想生根、发芽,伴随儿童思维的发展使梦想开花、结果。没有直接登顶的事物,只有不断迭代的历程。在深化课程改革的路上,我们是执着的赶路人,我们是坚定的前行者。时光不负有心人,愿金水区科学课程群方案的实施,为孩子们编织一份植根于心的彩色科学梦想,成就孩子们的美好人生。

本书编委会

2019 年 7 月 20 日

学校课程深度变革丛书

书名	ISBN	定价	出版时间
进入学科深处的六个秘密	978-7-5675-5810-6	28.00	2016年12月
新美课程:演绎生命之诗	978-7-5675-7552-3	48.00	2018年5月
跨界学习:学校课程变革的新取向	978-7-5675-7612-4	34.00	2018年6月
以学习为中心的课程实施	978-7-5675-7817-3	48.00	2018年8月
聚焦学习的课程评估:L-ADDER课程评估工具与应用	978-7-5675-7919-4	40.00	2018年11月
学科核心素养与学科课程群	978-7-5675-8339-9	48.00	2019年1月
大风车课程:童趣与想象	978-7-5675-8674-1	38.00	2019年3月
蒲公英课程:综合实践活动课程的校本创意与深度	978-7-5675-8673-4	52.00	2019年3月
MY课程:叩响儿童心灵	978-7-5675-7974-3	39.00	2018年10月
课程实施的10种模式	978-7-5675-8328-3	45.00	2019年1月
聚焦式课程变革:制度设计与深度推进	978-7-5675-8846-2	36.00	2019年4月
以素养为核心的学科课程图谱	978-7-5675-9041-0	58.00	2019年4月
全经验课程:在地文化与实践演绎	978-7-5675-8957-5	54.00	2019年6月

课堂教学转型丛书

书名	ISBN	定价	出版时间
上一堂灵魂渗着香的课	978-7-5675-3675-3	36.00	2015年8月
把课堂打造成梦的样子	978-7-5675-3645-6	26.00	2015年8月
整个世界都是教室	978-7-5675-5007-0	22.00	2016年6月
寻找课堂教学的文化基因	978-7-5675-5005-6	22.00	2016年5月
课堂是一种态度	978-7-5675-3871-9	28.00	2015年10月

给孩子最美好的东西　　　　　　978-7-5675-4200-6　30.00　2015年11月
把每一个孩子深深吸引　　　　　978-7-5675-4150-4　24.00　2016年1月
每一间教室都有梦　　　　　　　978-7-5675-4029-3　30.00　2015年10月
课堂,可以春暖花开　　　　　　978-7-5675-3676-0　24.00　2015年10月
课堂,与美相遇的地方　　　　　978-7-5675-5836-6　24.00　2017年1月
赴一场思想的盛宴　　　　　　　978-7-5675-5838-0　28.00　2017年1月
突破平面学习:神奇的"南苑学习单"　978-7-5675-5825-0　29.00　2017年1月
让学习看得见:"226"教改实验研究　978-7-5675-6214-1　32.00　2017年4月
每一种意见都很重要:"责任课堂"的维度与操作
　　　　　　　　　　　　　　　978-7-5675-6216-5　30.00　2017年4月

品质课程丛书

活跃的课程图景　　　　　　　　978-7-5675-6941-6　42.00　2017年11月
课程情愫:学校课程发展的另类维度　978-7-5675-7014-6　42.00　2017年11月
突破大杂烩:有逻辑的学校课程变革　978-7-5675-6998-0　52.00　2017年11月
课程群:学习的深度聚焦　　　　　978-7-5675-6981-2　45.00　2017年11月
嵌入式课程:特色课程的路径和方略　978-7-5675-6947-8　42.00　2017年11月

课堂教学新样态

一百个孩子,一百个世界:基于差异的教学变革
　　　　　　　　　　　　　　　978-7-5675-6810-5　32.00　2017年10月
让课堂洋溢生命感:L-O-V-E教学法的精彩演绎
　　　　　　　　　　　　　　　978-7-5675-6977-5　32.00　2017年11月
课堂如诗:"雅美课堂"的姿态　　978-7-5675-7219-5　36.00　2018年3月

近处无教育	978-7-5675-7536-3	32.00	2018年3月
课堂,与美最近的距离	978-7-5675-7486-1	32.00	2018年4月
课堂,涵养生命的园圃	978-7-5675-7535-6	36.00	2018年6月
协同教学:意蕴与智慧	978-7-5675-8163-0	42.00	2018年9月
课堂不是一个盒子	978-7-5675-8004-6	38.00	2019年1月
在教室里眺望世界:基于BYOD的教学方式变革	978-7-5675-8247-7	48.00	2019年3月

特色学校聚焦丛书

每一个孩子都是一棵树	978-7-5675-6978-2	28.00	2018年1月
教育不是一个人的事:"众教育"36条	978-7-5675-7649-0	32.00	2018年8月
不一样的生命,一样的精彩	978-7-5675-8675-8	34.00	2019年3月
童味正醇:特色学校的文化图谱	978-7-5675-8944-5	39.00	2019年8月

华东师范大学出版社
天猫旗舰店

华东师范大学出版社
官方微信

门市邮购电话:021-6286 9887 6173 0308
淘宝商城旗舰店:http://hdsdcbs.tmall.com
微信:华东师范大学出版社(ecnupress)
电子书目下载地址:www.ecnupress.com.cn